KATRIN MACHA UND FRAUKE HILDEBRANDT

WIR MÜSSEN MITTAGS NICHT MEHR SCHLAFEN!

VERÄNDERUNGSPROZESSE MIT KITA-KINDERN GESTALTEN

WAMIKI

KATRIN MACHA UND FRAUKE HILDEBRANDT

WIR MÜSSEN MITTAGS NICHT MEHR SCHLAFEN!

VERÄNDERUNGSPROZESSE MIT KITA-KINDERN GESTALTEN

wamiki

Gefördert vom:

Bundesministerium
für Familie, Senioren, Frauen
und Jugend

FH;P Fachhochschule Potsdam
University of
Applied Sciences

ista
Institut für den Situationsansatz

PINA Potsdam Research Institute
for Early Learning
and Educational Action

Universität Potsdam

Bitte richten Sie Ihre Wünsche, Kritiken und Fragen an:
wamiki, Heinrich-Mann-Straße 31 / Haus 2, 13156 Berlin
Telefon: +49 (0) 30 48 09 65 36
E-Mail: redaktion@wamiki.de

ISBN 978-3-945810-98-9

www.wamiki.de

Lektorat: Erika Berthold
Gestaltung: studio luxabor — Erik Neumann
Druck und Herstellung: Umweltdruck Berlin
Nachdruck 2025

Weitere Informationen und Nachbestellungen unter: www.wamiki.de

INHALTSVERZEICHNIS

VORAB

Wer in der Kita arbeitet, weiß: Manche Kinder wollen nicht schlafen, andere schon. Manche Eltern wollen nicht, dass ihre Kinder schlafen, andere schon. Manche Pädagog*innen sind sicher, dass Kinder schlafen müssen, andere nicht.

In diesem Buch wollen wir dem Schlafen und Ausruhen der Kinder auf die Spur kommen. Es wendet sich an alle Teams, die mit der Schlafsituation in ihren Kitas unzufrieden sind und etwas verändern wollen – gemeinsam mit den Kindern. Genauer gesagt: Wir gehen davon aus, dass Ihr Team sich schon entschieden hat, die Schlafsituation zu verändern, weil es erkannt hat, dass die Schlafbedürfnisse von Kindern unterschiedlich sind, und weiß, wie viel Stress es verursacht, alle Kinder über einen Kamm zu scheren. Zuallererst für die Kinder, aber auch für Sie.

Auch beim Thema „Schlafen, Ruhen und Entspannen" geht es darum, den kindlichen Bedürfnissen und der Entscheidungskraft der Kinder mehr Raum zu geben. Können Kinder tatsächlich über sich selbst bestimmen und erleben, dass ihre Bedürfnisse ernst genommen werden, wird die Kita der UN-Kinderrechtskonvention und den Bildungszielen der Bildungspläne gerecht. Dies setzt jedoch voraus, dass klar ist, was die Menschen, die in einer Kita zusammenleben, eigentlich brauchen und wollen – alle gemeinsam wie jede*r Einzelne. Um das herauszufinden, schlagen wir Ihnen in diesem Buch eine ausführliche Erkundungsphase vor, die schon vor der Umgestaltung der Schlafsituation beginnt und helfen kann, einen Überblick über die unterschiedlichen Schlaf- und Ruhebedürfnisse der Beteiligten zu gewinnen. Wir stellen Ihnen Anregungen und Methoden zur Verfügung, um mit den Kindern ins Gespräch zu kommen und Transparenz für die Eltern herzustellen.

Nach dieser Erkundungsphase können Sie Ziele für Ihre pädagogische Arbeit formulieren, die Sie in einem Veränderungsprozess umsetzen, an dem alle – Kinder, Eltern und das Team – beteiligt sind.

Bedingungen oder gar Strukturen können wir dafür nicht vorgeben, denn wir kennen Ihre Kita nicht. Sie müssen mit den Menschen, mit denen Sie in der Kita zusammenleben und -arbeiten, selbst herausfinden, was sinnvoll ist. Anregungen und Methoden, wie das zu bewerkstelligen ist, finden Sie in diesem Buch, dessen Ausgangspunkt ein Veränderungsimpuls in Ihrer Kita ist: Das Team will die Schlaf- oder Ruhesituation verändern. Und zwar so, dass die Kinder frei entscheiden können, wie und wann sie schlafen. Wie können Sie diesen Veränderungsprozess mit ihnen gemeinsam gestalten? Wie finden Sie heraus, was Kinder eigentlich wollen?

Wir danken den Kindern und Erwachsenen, die mit uns und Nadin Kübler über die Schlafsituationen in ihren Kitas und Familien gesprochen haben.

Interessante Momente beim Lesen und Verändern wünschen Ihnen

Frauke Hildebrandt und Katrin Macha, Berlin

WAS WOLLEN SIE ÄNDERN?

WAS WOLLEN SIE ÄNDERN?

Schlafen ist ein konzeptioneller Baustein Ihrer pädagogischen Arbeit, den Sie bewusst gestalten können, damit er zu Ihrer pädagogischen Konzeption passt – und damit die aktuellen pädagogischen Werte, die Erkenntnisse aus der Fachliteratur und vor allem die Rechte der Kinder darin erkennbar werden.

Mittagsschlaf und Mittagsruhe sind eine Phase, in der Kinder sich ausruhen und neue Kraft tanken können. Doch je älter sie werden, desto weniger sind sie am Schlafen oder Ruhen interessiert. Und zwar schon gar nicht, wenn eine erwachsene Person ihnen das vorschreibt, denn es widerspricht ihrem Wunsch nach Autonomie und Selbstbestimmung. So kollidieren zwei wesentliche Bedürfnisse von Kindern: Sie brauchen Entspannungsphasen, um ihr enormes Lern- und Entwicklungspensum zu verarbeiten und gleichzeitig brauchen sie Erfahrungen von Autonomie, damit sie sich über ihre Bedürfnisse klar werden und ein positives Selbstwertgefühl entwickeln können.

Vielleicht erscheint Ihnen das unvereinbar, doch das ist es nicht. In dem Veränderungsprozess, der schließlich zu einer anderen Schlafsituation führt, wird sich beides verbinden, denn: Wenn Kinder sich als autonom erleben, haben sie die Möglichkeit, sich ihrer Bedürfnisse bewusst zu werden. Sie spüren selbst, wann sie eine Pause brauchen und wie sie diese Pause brauchen, ob sie schlafen, ruhen oder entspannen müssen, um fit für den Rest des Tages zu bleiben. Einen Rahmen zu schaffen, in dem das möglich wird, das ist Ihre Aufgabe. Das heißt: Sie geben nicht mehr vor, wann und wie ein Kind zu schlafen oder zu ruhen hat. Aber Sie nehmen die kindlichen Bedürfnisse bewusst wahr und begleiten die Kinder bei ihren Entscheidungen.

WAS HABEN SIE DAVON?

Wenn die Schlaf- oder Ruhesituation an den Bedürfnissen der Kinder ausgerichtet ist, profitieren zuerst die Kinder. Sie können sich ihrer Bedürfnisse besser bewusst werden und müssen mit Ihnen nicht mehr um die Befriedigung dieser Bedürfnisse kämpfen.

Für Sie wird die Arbeit leichter, weil Sie Kinder, die nicht schlafen wollen, nicht mehr dazu zwingen müssen. Das wirkt sich auf Ihre Arbeitszufriedenheit aus: Sie müssen nicht mehr für Ruhe sorgen, Unruhestifter*innen sanktionieren oder Kinder beschützen, die wirklich schlafen wollen. Der Übergang in die Ruhephase wird entzerrt, denn Sie müssen nicht mehr alle Kinder dirigieren, sondern können sich auf einzelne Mädchen oder Jungen konzentrieren.

Hinzu kommt: Sie verlassen alte Muster und erleben, dass Sie etwas anders machen können. Die Situation entspannt sich, und dadurch entspannen auch Sie.

Vielleicht wird es Sie überraschen, wie selbstständig die meisten Kinder nach der Übergangsphase ihre Bedürfnisse einschätzen können und wie selbstbewusst sie dafür sorgen, dass sie ruhen oder schlafen können. Wahrscheinlich werden Sie Kinder erleben, die ihre neuen Möglichkeiten neugierig und fröhlich ausprobieren.

WAS KOMMT AUF SIE ZU?

Wenn sich Ihr Team entscheidet, die Schlaf-, Ruhe- und Entspannungssituation zu ändern, dann kommen auf Sie, auf die Kinder und Eltern allerhand Veränderungen zu. Sie müssen für Ihre Arbeit und Ihre Räume neue Strukturen entwickeln und anders planen, neue Handlungsstrategien finden und sich daran gewöhnen. Vielleicht müssen Sie sogar liebgewonnene Abläufe aufgeben. Das ist nicht leicht.

Die Gefühlskurve für Veränderungsprozesse – siehe Abbildung – zeigt typische Emotionen, die im Verlauf der Veränderungen in Ihrem Team auftreten können. Das Modell wurde in der Trauerforschung[1] entwickelt und auf Veränderungsprozesse in Unternehmen übertragen. Wir nutzen es, um deutlich zu machen, was auf Sie zukommt, und stellen Ihnen später Methoden und Strategien vor, wie Sie mit diesen Emotionen umgehen können. Eine Kernerkenntnis aus den Forschungen zu Veränderungen ist nämlich: Wenn wir die Gefühle der am Prozess Beteiligten nicht ernst nehmen und nicht darauf eingehen, misslingen Veränderungen oft.

[1] Kübler-Ross 2018

Die Gefühlskurve für Veränderungsprozesse

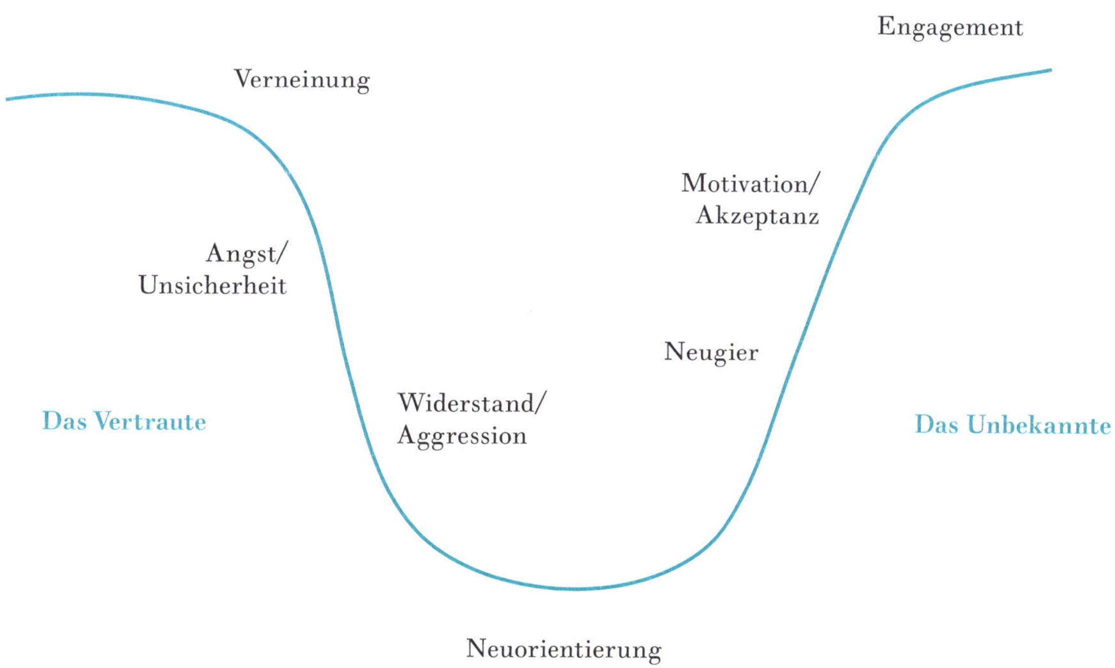

Wahrscheinlich gibt es in Ihrem Team Kolleg*innen, die die Veränderung der Schlaf-, Ruhe- und Entspannungssituation initiiert hatten, weil sie unzufrieden sind und Lust auf etwas Neues haben. Vielleicht haben sie sogar Ideen, was Sie anders machen könnten. Da dies weitreichende Folgen für Kinder und Eltern hat, war Ihr Impuls sinnvoll, im Team darüber zu beraten, um möglichst alle Mitglieder ins Boot zu holen. Aber es gibt Skeptiker*innen, auch unter den Eltern, die sich nicht vorstellen können, wie das mit den Kindern möglich sein soll, oder grundsätzlich dagegen sind. Das mag ihren Kindheitserfahrungen geschuldet sein oder veraltetem Ausbildungs-Wissen und erzeugt Unsicherheit, Unbehagen oder Angst. Respektieren Sie diese Gefühle nicht, gehen Sie nicht darauf ein, wächst der Widerstand. Er schwindet, wenn die Beteiligten erleben, dass sie ernst genommen werden und ihre eigenen Wege einschlagen können, um sich den Veränderungen zu nähern.

Bedenken und Anliegen, die in dieser Phase geäußert werden, geben Ihnen Hinweise darauf, an welchen Stellen Sie neues Wissen zur Verfügung stellen sollten, um neue Handlungsweisen entwickeln zu können. Greifen Sie die Einwände also auf, bedanken Sie sich dafür und versichern Sie, zu einem späteren Zeitpunkt gemeinsam wieder darüber nachzudenken. In der Regel sorgt die Auseinandersetzung mit neuen wissenschaftlichen Erkenntnissen und vor allem mit den Sichtweisen der Kinder dafür, dass der Widerstand Stück für Stück nachlässt und eine Neuorientierung möglich wird.

Nun haben Sie das Tal durchschritten und nähern sich einer produktiven konzeptionellen Phase, in der Sie wahrscheinlich umräumen und ausprobieren. Es ist aufregend und macht Spaß, neue Ideen für die Schlaf-, Ruhe- und Entspannungssituation zu entwickeln.

In dieser Phase müssen Sie dranbleiben und auswerten, was klappt und was nicht, um nach und nach eine klare konzeptionelle Linie zu finden, die Ihre Arbeit leitet. Hat diese Linie sich herauskristallisiert, wird sie schriftlich festgehalten.

Um die Veränderung der Schlaf-, Ruhe- und Entspannungssituation bewusst und gezielt anzugehen, eignen sich die Planungsschritte des Situationsansatzes:

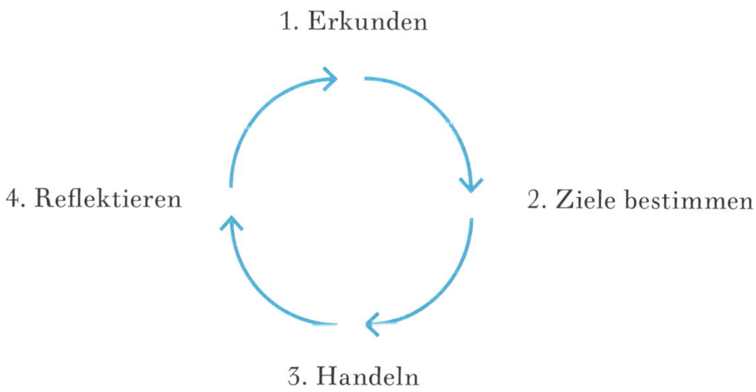

In **Schritt 1** geht es vor allem darum, mit den Kindern herauszufinden, was Schlaf, Ruhe und Entspannung ausmachen, welche Praktiken die Kinder kennen und was sie für jedes einzelne Kind bedeuten.

In **Schritt 2** formulieren Sie Ihr Ziel: Was genau wollen Sie verändern? Machen Sie sich klar, welche Kompetenzen die Kinder, Sie und Ihr Team in diesem Prozess entwickeln können.

In **Schritt 3** folgt die Umsetzung. Im Grunde ist alles Alltagshandeln sinnvoll, das dazu beiträgt, die Kompetenzen zu entwickeln, die Sie in Schritt 2 benannt hatten. Überlegen Sie, was Sie und Ihr Team tun oder tun können, um Kinder und Erwachsene dabei zu unterstützen. Zwar geben wir in diesem Buch Anregungen und Ideen, die Sie inspirieren können, aber Sie müssen Ihren eigenen Weg finden, einen Weg, der zu Ihnen passt, sonst wirken die Veränderungen nicht so nachhaltig, wie Sie sich das wünschen.

In **Schritt 4** reflektieren Sie mit dem Team, wie sich die Veränderungen vollzogen haben, was sinnvoll ist, und Sie legen gemeinsam fest, wie Sie die Schlaf-, Ruhe- und Entspannungssituation in Zukunft weiter gestalten.

Der Veränderungsprozess, vor dem Sie jetzt stehen, ist eine großartige Chance für die Kinder. Wenn Sie sie an Ihren Überlegungen teilhaben lassen, sie einbeziehen und mit ihnen herausfinden, was beim Schlafen, Ruhen und Entspannen wichtig ist und welche Bedürfnisse jeder einzelne Mensch in der Kita diesbezüglich hat, können die Kinder den Prozess mitvollziehen und lernen gleichzeitig, wie sie etwas selbst verändern können.

Ohnehin sind Kinder eine sprudelnde Quelle für Qualität und Expert*innen für gelingende Kita-Abläufe. Deswegen richten sich die meisten Vorschläge, Ideen und Methoden in diesem Buch darauf, die Sicht der Kinder einzubeziehen und den Veränderungsprozess mit ihnen zu gestalten.

Bevor Sie sich der Erkundung widmen, möchten wir Ihnen zwei Zielvarianten empfehlen, die Ihnen die Perspektive auf das Ergebnis eröffnen können. Im Laufe der Auseinandersetzung mit dem Thema – unter Beteiligung der Kinder und Eltern – können sich natürlich andere Ziele ergeben.

Unsere beiden Zielvarianten berücksichtigen, dass unterschiedliche Teams und Kitas verschiedene Wege bei der Veränderung der Schlaf-, Ruhe- und Entspannungssituation beschreiten. Jedes Kita-Team hat seine eigenen konzeptionelle Werte und Abläufe und entscheidet, welches Ziel zu ihm passt. Dennoch beziehen wir uns in diesem Buch immer wieder auf die folgenden beiden Varianten. Falls Sie andere Ziele formuliert haben – wir freuen uns, wenn Sie uns davon berichten.

Zielvariante

A:

Die Kinder entscheiden selbst komplett frei, wann und wo sie ruhen oder schlafen, strikt orientiert am individuellen Schlafbedürfnis.
In der Kita gibt es ausreichend Räume oder Plätze, die den Kindern dies jederzeit ermöglichen.

Zielvariante

B:

Es gibt drei Gruppen – die Schlaf-, die Wach- und die Ausruhgruppe –, denen die Kinder sich, je nach ihren Bedürfnissen, zuordnen können.

Methode: A-oder-B-Diskussion

Diskutieren Sie im Team, was die beiden Varianten in Ihnen auslösen. Sammeln Sie die Fragen und Bedenken, um später darauf einzugehen und dadurch für mehr Klarheit bei der Umsetzung sorgen zu können.

Entscheiden Sie sich mit allen Kolleg*innen für die Variante, die Sie gut finden und die zu Ihrem pädagogischen Anspruch passt.

Sollten Kinder bei Ihnen schlafen müssen und das als Zwang erleben – Sie erkennen das daran, dass Kinder stören und Sie permanent schimpfen müssen, um für Ruhe zu sorgen, damit andere Kinder schlafen können –, dann beenden Sie diesen Zustand sofort. Finden Sie für den Übergang eine Zwischenlösung, zum Beispiel: die Aufteilung in eine Schlaf- und eine Ruhegruppe, in der die Kinder leise sind und nicht liegen oder schlafen müssen, sondern Geschichten vorgelesen bekommen oder Fantasiereisen machen.

1

ERKUNDEN

ERKUNDEN

Wie nehmen die verschiedenen Beteiligten die Situation oder das Thema „Schlafen, Ruhen, Entspannen“ wahr? Was ist für sie dabei wichtig? Indem Sie das herausfinden, verstehen Sie und alle anderen besser, warum sie jeweils handeln, wie sie handeln. Mit diesem Wissen können neue Wege erschlossen werden.

Lassen Sie sich für den Erkundungsprozess Zeit und finden Sie mit den Kindern heraus, was bei Ihnen in der Kita wirklich wichtig ist. Verschiedene Methoden und Fragen, die Sie im Folgenden finden, öffnen den Zugang zum Wissen der Kinder und ermöglichen es, ihren Schlaf-, Ruhe- und Entspannungsbedürfnissen nahezukommen. Dabei lernen die Kinder, ihre Bedürfnisse wahrzunehmen und zu artikulieren.

Wenn Sie die Schlafsituation bisher strikt bestimmt hatten, sind sicher viele verschiedene Gespräche und Gesprächszugänge nötig, damit die Kinder merken: Sie können sagen, was sie denken, und müssen nicht wiedergeben, was die Erwachsenen zu hören wünschen. Die Kinder müssen spüren, dass Sie wirklich an ihrer Meinung interessiert und bereit sind, die Schlaf-, Ruhe- und Entspannungssituation zu verändern.

Generell gilt: Versuchen Sie immer wieder, mit allen Kindern ins Gespräch zu kommen. Nehmen Sie wahr, wofür die Kinder sich interessieren, und knüpfen Sie daran an. Vielleicht hat eine kleine Kindergruppe Lust, dem Thema nachzugehen. Nutzen Sie den Erfindungsreichtum dieser Kinder, arbeiten Sie mit ihnen und laden Sie immer wieder andere Kinder zum Mitmachen ein.

Das gilt auch für Ihr Team: Vielleicht sind nicht alle Kolleg*innen bereit, sich intensiv mit dem Thema „Schlafen, Ruhen, Entspannen“ zu befassen, sondern nur einige, die eine Arbeitsgruppe bilden könnten. In der Arbeitsgruppe, zu der eine Fachkraft aus jeder betroffenen Abteilung und eine Leitungskraft gehören sollten, können Sie überlegen, an welchen Stellen es sinnvoll ist, dass alle mitdenken und mitarbeiten. So sichern Sie, dass die Bedürfnisse aller Beteiligten im Blick sind, für die die Veränderungen wirksam werden, und dass der Veränderungsprozess Teil der allgemeinen Prozesse im Hause bleibt.

DIE SICHT DER KINDER

Mit Kindern sprechen – aber wie?

Der Kern der Erkundungsphase sind offene Gespräche mit den Kindern. Um die Perspektive der Kinder zu erkunden, ist eine sensible Gesprächsführung wichtig. Natürlich entscheiden die Kinder selbst, was sie erzählen wollen und was nicht. Die Aufforderung „Pia, nun sag doch mal, wie das war" wirkt wie ein Übergriff, wenn Pia nicht reden will.

Die Gespräche haben mehrere Ziele. Zum einen wollen Sie erfahren, wie die Kinder über das Ausruhen und Schlafen denken. Zum anderen wollen Sie mit ihnen weiterdenken und überlegen, wie es auch sein könnte.

Das Weiterdenken hat kein inhaltliches Ziel. Das heißt: Es geht nicht darum, dass alle Kinder erfahren, wie Hunde nun wirklich schlafen und wie ihr Schlafverhalten sich von dem der Menschen unterscheidet. Vielmehr ist das gemeinsame Weiterdenken selbst das Ziel, also die Vorstellung, wie etwas sein könnte und was daraus folgt. Gerade im Weiterdenken zeigt sich, welche Gedanken Kinder sich bisher zum Thema machten. Bevor Sie Aussagen der Kinder notieren oder aufzeichnen, informieren Sie die Kinder darüber und erklären ihnen, warum Sie sich für deren Meinungen interessieren.

Gesprächstipps zum Nachdenken mit Kindern – über Schlafen und anderes

- Steigen Sie in Gespräche ein, indem Sie nach dem Vorwissen der Kinder fragen: „Menschen scheinen ja jede Nacht zu schlafen. Wie ist das eigentlich bei Hunden?"
- Oder: Steigen Sie ein, indem Sie erzählen, wie es bei Ihnen selbst mit dem Schlafen ist. Also wo, wann, wie sie am liebsten einschlafen und aufwachen. Wie das jetzt ist und wie das früher war. Und wie das bei Ihren Kindern oder Freund*innen ist.
- Stellen Sie eine Frage, die Sie sich selbst einmal gestellt hatten oder die sich Ihnen noch immer stellt.
- Fragen Sie: Was wäre, wenn…?
- Fragen Sie nach, wenn Ihnen nicht klar ist, was ein Kind genau meint.

- Spiegeln Sie wider, was Sie verstanden haben, indem Sie die Aussagen des Kindes in eigenen Worten wiederholen.
- Bitten Sie das Kind, zu präzisieren, was es meint: „Was heißt das denn genau?“
- Stellen Sie Warum-Fragen als eigene Fragen: „Und da frage ich mich, warum…?“
- Wenn ein Kind eine Frage stellt, fragen Sie zurück: „Hast du eine Idee? Was meinst du dazu?“
- Sollte ein Widerspruch zwischen zwei Kinderfragen auftauchen, verdeutlichen Sie ihn durch Nachfragen.
- Vermeiden Sie beim Nachfragen eine suggestive Stimmführung.
- Fragen Sie nach, wenn ein Kind Wörter benutzt, die andere Kinder möglicherweise nicht verstehen.
- Lassen Sie die Kinder erleben, dass Sie vieles nicht wissen. Überlegen Sie dann gemeinsam, wie es sein könnte. Verstecken Sie Ihr Nicht-Wissen nicht.
- Lassen Sie die Kinder erleben, dass Sie etwas genau wissen. Erzählen Sie, woher Sie es wissen. Verstecken Sie Ihr Wissen nicht.
- Nehmen Sie die Ideen der Kinder ernst, auch wenn Sie sie zu fantastisch finden. Fragen Sie nach und lassen Sie die Kinder noch einmal erläutern, was sie meinen.
- Fragen Sie die Kinder nach Begründungen: „Warum denkst du, dass alle schlafen?“
- Sagen Sie Ihre Meinung als Ich-Meinung: „Ich glaube, dass …, weil…“ Begründen Sie diese Meinung.
- Schärfen Sie die Wahrnehmung der Kinder, indem Sie auf Unterschiede aufmerksam machen: „Ist euch schon mal aufgefallen, dass manche Vögel abends vor dem Schlafen singen und andere nicht?“
- Verbalisieren Sie im Moment erfahrbare Vorgänge, die mit dem Gesprächsthema zusammenhängen. Also zum Beispiel: Wenn sich in Sichtweite ein Kopfkissen befindet, auf dem eine Puppe liegt, können Sie sich darauf beziehen und sagen, dass auch Sie Ihren Kopf wie die Puppe auf das Kissen legen – oder auch nicht.

- Regen Sie das logische Denken der Kinder an, indem Sie bei Widersprüchen darauf aufmerksam machen, dass sich eine neue Frage stellt: „Wenn ihr sagt, der Mond ist da, damit es beim Einschlafen nicht so dunkel ist und man keine Angst haben muss, dann frage ich mich, warum er manchmal gar nicht leuchtet."
- Ersetzen Sie, wenn es Ihnen darauf ankommt, kausale Hypothesen zu entwickeln, das „Warum" durch „Wie kommt es dazu?" Zum Beispiel: „Wie kommt es eigentlich dazu, dass man einschläft? Merkt man das überhaupt?"
- Suchen Sie nach möglichen Einwänden gegen feste Meinungen: „Könnte es nicht, sein, dass Menschen müde werden, weil das Atmen am Tag so anstrengend ist?"
- Vermeiden Sie das Wort „oder" am Ende einer Aussage. Es kann leicht suggestiv wirken. Fragen Sie besser: „Oder was denkst du?"
- Merken Sie, dass Ihre Frage ungeeignet war, korrigieren Sie sich mit „Besser gesagt..." Lassen Sie sich beim Denken – und das heißt auch beim Korrigieren eigener Aussagen – zuschauen.
- Beharren Sie nicht auf einem Aspekt des Themas, wenn die Kinder Ihre Frage nicht aufgreifen.
- Stellen Sie vermeintliche Selbstverständlichkeiten in Frage, indem Sie ungewöhnliche Fragen aufwerfen: „Woher wissen wir eigentlich, dass das Leben kein Traum ist und wir nur beim Schlafen träumen?"
- Lassen Sie die Kinder Beschreibungen und Bewertungen präzisieren: „Was genau war schlecht daran, als du auf dem Sofa im Wohnzimmer Mittagschlaf gemacht hast?"
- Fragen Sie nach Begründungen, indem Sie Warum-Fragen ergänzen: „Warum denkst du, dass...?" oder „Warum meinst du, dass...?"
- Vermeiden Sie Einstiege mit „Ja, aber..." Der Widerspruch kommt zu schnell nach der Bestätigung. Dadurch hebt er sie auf.

Fragen für Gespräche zum Thema „Schlafen, Ruhen, Entspannen“

Auch hier ist es günstig, erst einmal zu erzählen, wie es bei Ihnen selbst, bei den eigenen Kindern oder Freund*innen ist oder früher war. Eine Sammlung zum Austauschen finden Sie auch ab S. 82ff.: Fragespaziergänge in diesem Buch.

Was denkt ihr, was denkst du:

- Wie schlafen Menschen (Fliegen, Vögel, Elefanten, Mäuse...) eigentlich? Wie lange, in welchen Positionen?
- Wie entspannen Menschen (Fliegen, Vögel, Elefanten, Mäuse...) eigentlich? Wie lange, in welchen Positionen?
- Wieso machen sie das eigentlich?
- Wie ist das eigentlich bei unterschiedlichen Menschen: alten, jungen, hierzulande und anderswo?
- Schlafen Pflanzen, Steine, Kuscheltiere? Warum schlafen sie?
- Warum schlafen junge Menschen (Tiere...) mehr als ältere?
- Warum finden manche Leute es eigentlich so wichtig finden, dass Kinder schlafen?
- Wofür ist Schlaf da? Was passiert im Schlaf?
- Was sind Träume eigentlich? Wer träumt was?
- Kann man sehen, ob jemand müde ist? Und woran?
- Wie sehen Orte zum Schlafen oder Ausruhen aus?
- Was mögen unterschiedliche Menschen und Tiere? Welche Utensilien brauchen sie zum Schlafen?
- Wie schlafen/ruhen/entspannen die Figuren, von denen die Kinder erzählen – zum Beispiel Anna und Elsa aus „Die Eiskönigin“, Superman oder Feuerwehrmann Sam?
- Was ist eigentlich der Unterschied zwischen Schlafen und Ruhen?
- Und was ist der Unterschied zwischen Ruhen und Entspannen?
- Wie schläft man überhaupt ein? Wie merkt man das?
- Und wie wird man wieder wach?
- Warum gibt es eigentlich extra Anziehsachen zum Schlafen?

Nachdem Sie mit den Kindern längere Zeit über solche Fragen gesprochen haben, wenden Sie sich den persönliche Bedingungen und Vorlieben beim Thema „Schlafen, Ruhen, Entspannen“ zu.

Fragen für Gespräche über eigene Bedürfnisse

- Woran merkt man, dass man müde ist? Wie ist das bei dir, deiner Familie, deinen Freund*innen?
- Wie fühlt sich Müdigkeit genau an?
- Wann bist du besonders müde?
- Wo schläfst du am liebsten?
- Wo willst du auf keinen Fall schlafen?
- Schläfst du lieber im Dunkeln oder lässt du lieber das Licht an?
- Schläfst du lieber auf einem dicken Kissen oder auf einem dünnen?
- Was brauchst du unbedingt zum Einschlafen?
- Was darf beim Einschlafen auf keinen Fall passieren?
- Könntest du im Sitzen oder im Stehen einschlafen?
- Schläfst du gern im Auto?
- Wie fühlst du dich, wenn du gerade aufgewacht bist?
- Wachst du manchmal mitten im Schaf auf?
- Kannst du dich an deine Träume erinnern?
- Schläfst du eigentlich gerne?
- Würdest du lieber mehr schlafen?
- Oder würdest du lieber weniger schlafen?
- Oder gar nicht mehr?
- Was nervt dich am Schlafen?
- Was nervt dich am Einschlafen?
- Was nervt dich am Aufwachen?
- Wenn du zaubern könntest – was würdest du am Schlafen verändern?

Dokumentieren – was und wie?

Notieren Sie, so oft es geht, die Gespräche mit den Kindern. Oder nehmen Sie sie auf. Dadurch sammelt sich eine Menge Material an. Es kann die Auseinandersetzung der Kinder mit dem Thema und den eigenen Bedürfnissen anregen und verschafft Ihnen einen Überblick, worüber die Kinder nachdenken und wie viele Aspekte beim Thema „Schlafen, Ruhen, Entspannen" relevant sind.

Gesprächsnotizen oder -transkripte können Sie an einer Dokumentationswand aushängen – als Anregung für die Kinder, denen Sie immer mal Passagen vorlesen, und als Information für Kolleg*innen und Eltern. Besprechen Sie die Aussagen der Kinder im Team und versuchen Sie, gemeinsam herauszufinden, was für die Kinder beim Schlafen, Ruhen und Entspannen wichtig ist.

Methode: Gespräche mit Kindern im Team reflektieren

Nehmen Sie sich Zeit dafür und bitten Sie alle Teammitglieder, die Notizen bis zur Teamsitzung zu lesen. Erzählen Sie einander von den Gesprächen, über die nichts notiert wurde, und bitten Sie jemanden, das in Stichpunkten festzuhalten. Danach überlegen Sie gemeinsam: Was hat Sie an den Aussagen der Kinder erstaunt?

Fassen Sie zusammen:

- Was denken Sie, ist den Kindern beim Ausruhen, Schlafen und Entspannen wichtig?
- Welche neuen Ideen haben die Kinder vorgebracht? Wofür scheinen sie sich besonders zu interessieren?
- Was mögen die Kinder am Ausruhen, Schlafen und Entspannen?
- Was mögen sie nicht?
- Welche Fragen sind noch offen?
- Ergeben sich neue Fragen aus der Analyse, die Sie mit den Kindern besprechen wollen?
- Notieren Sie die Ergebnisse und Schlussfolgerungen. So bleibt Ihnen der Prozess bewusst.

Reflektieren Sie Ihre Gesprächsführung:

- Wie ging es Ihnen bei den Gesprächen mit den Kindern?
- Wie haben Sie sich dabei gefühlt?
- In welchen Situationen konnten Sie sich gut auf Gespräche einlassen?
- In welchen Situationen konnten die Kinder sich gut auf Gespräche einlassen?
- Welche Fragen waren besonders anregend?
- Wie reagierten Sie, wenn die Kinder Ungewöhnliches äußerten?

Die folgenden Methoden eignen sich für Kinder, die sich für das Thema „Schlafen, Ruhen, Entspannen“ interessieren und bei der Auseinandersetzung damit merken, dass sie selbst entscheiden können.

Zuerst müssen die Kinder natürlich herausfinden, ob sie mitmachen wollen oder nicht. Stellen sie erst später fest, dass sie doch nicht gern dabei sein wollen, respektieren Sie das. Die Kinder, die mitmachen, geben Ihnen einen Einblick in kindliche Sichtweisen, mit denen Sie im Veränderungsprozess arbeiten können.

Hat kein Kind Lust, reflektieren Sie kurz, woran das liegen könnte, und wenden sich anderen Methoden zu.

Methode: Bilderreisen

Im vorliegenden Buch ab Seite 86ff. und auf wamiki.de/shop finden Sie Bilder von schlafenden, ruhenden oder entspannenden Menschen. Schauen Sie die Bilder mit den Kindern an, denken Sie gemeinsam über Gefühle der Protagonisten nach und verbinden Sie die Handlungen und Gefühle der Protagonisten mit denen der Kinder, mit den eigenen und mit Handlungen anderer Protagonisten auf dem Bild.

Einstieg: „Schau mal, dort!“ (auf das Bild zeigen)
Wichtig ist, abzuwarten, was das Kind sagt.

„Was glaubst du, wie fühlt sich das Kind?“
„Glaubst du, dass ihm das Spaß macht?“
„Ob es bald aufstehen wird?“
„Warum hat es sich bloß so hingelegt?“
„Würde dir das gefallen, wenn du so liegen würdest?“
„Wie würdest du dich hinlegen?“
„Machst du das wirklich so? Oder wie?“

Notieren Sie, was die Kinder sagen, und beziehen Sie diese Notizen in Ihre Auswertung ein.

Methode: Das Mal- oder Bastelgespräch

Bitten Sie die Kinder, einen Zauberschlafraum zu malen, also einen Raum, in dem sie gern schlafen, entspannen oder sich ausruhen würden. Vielleicht haben die Kinder Lust, so einen Raum zu basteln, wenn Sie ihnen Material zur Verfügung stellen. Geben Sie nichts vor, sondern lassen Sie die Kinder „einfach machen“.

Beim Basteln kommen Sie bestimmt mit den Kindern über deren Wünsche und Ideen ins Gespräch. Verwenden Sie auch in diesen Gesprächen Fragen und Anregungen aus den Seiten 20 ff. Notieren Sie, was die Kinder sagen, oder nehmen Sie die Äußerungen auf. Später hören Sie die Aufnahme ab und halten Wesentliches fest.

Methode: Der Zettelspaziergang

Die Orte, an denen die Kinder Ihrer Kita schlafen oder sich ausruhen, wurden sicherlich von Erwachsenen bestimmt. Wie denken die Kinder darüber? Welche Orte sind für sie attraktiv?

Bitten Sie Kinder, die Lust haben, durch die Kita zu gehen, um gute Orte zum Ausruhen und Schlafen zu markieren. Jedes Kind erhält Post-its in zwei Farben: Mit der einen Farbe markiert es die Orte, an die es sich zurückzieht und entspannen kann. Mit der anderen Farbe markiert es Plätze, von denen es glaubt, dass Kinder dort wirklich gut schlafen können. Vielleicht klappt das besser, wenn die Kinder zwei Runden drehen – mit jeweils nur einer Frage und den entsprechenden Klebezetteln.

Zur Auswertung lassen Sie sich von den Kindern durch die Kita führen und erklären, warum die Zettel wo kleben. Notieren Sie die Aussagen der Kinder möglichst genau. Fragen Sie nach, um besser zu verstehen, was die Kinder meinen, aber stellen Sie die Orte, die die Kinder ausgewählt haben, nicht in Frage. Wenn möglich, lassen Sie die Zettel kleben, bis die Kinder abgeholt sind, und führen nun Ihrerseits die Kolleg*innen durchs Haus. Werten Sie gemeinsam aus, was die Zettel Ihnen mitteilen, und halten Sie die Ergebnisse fest. Ist Ihnen klarer geworden, was die Kinder für Orte zum Ausruhen, Schlafen und Entspannen favorisieren? Und warum?

Methode: Das Müde-Protokoll

Wie können Kinder sich bewusst werden, wann sie wirklich müde sind? Mit Hilfe eines Müde-Protokolls, das Kinder und Erwachsene über einen Zeitraum hinweg führen. Besonders interessant und wirkungsvoll ist diese Methode, wenn Sie mit den Kindern jeden Nachmittag nachschauen, was herausgekommen ist.

Jedes Kind hat die Aufgabe, auf dem Protokoll den Zeitpunkt zu markieren, an dem eine leise Müdigkeit es überkommt. Dazu dient das Müde-Protokoll-Plakat, in Ausschnitten zu sehen auf Seite 29, 110 und als Download abrufbar unter: https://wamiki.de/4678. Vielleicht kann sogar notiert werden, wie lange jemand müde war und was die Person in der Müdigkeitsphase getan hat.

Wie können Sie vorgehen? Besprechen Sie mit den Kindern, dass Sie in der nächsten Woche ein Müde-Protokoll führen, weil Sie herausfinden wollen, wann Kinder und Erwachsene von sich aus müde sind und was sie dann machen. Hängen Sie das Plakat auf Kinderhöhe auf, so dass die Kinder sich eintragen können, wenn sie möchten, und notieren Sie die Namen. Erzählen Sie, dass die Erwachsenen das Protokoll auch ausfüllen und gespannt sind, was am Ende herauskommt.

Führen Sie das Müde-Protokoll mindestens drei Tage und höchstens eine Woche lang. Jedes Mal, wenn Sie müde sind, markieren Sie den Anfang und das Ende der Müdigkeit. Tragen Sie auch ein, was Sie in dieser Zeit getan haben.

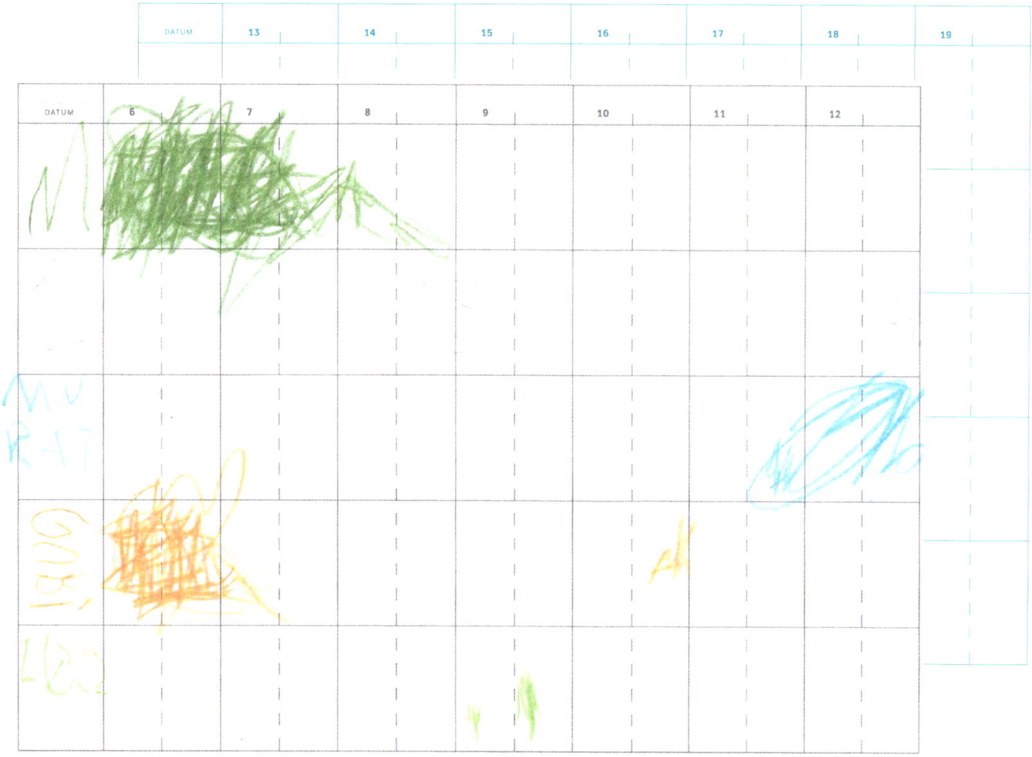

Max, Anna, Murat, Gobi und Lisa haben aufgeschrieben, wann sie „wie doll" müde sind.

Bitten Sie die Kinder, Ihnen zu sagen, wenn sie müde sind. So können Sie beobachten, was die Kinder dann tun und wann sie wieder aktiv sind. Bleiben Sie im Gespräch mit den Kindern und fragen Sie sie, was Sie aufschreiben sollen.

Wenn Sie finden, ein Kind ist müde, fragen Sie es, ob Sie das eintragen sollen. Tun Sie das nie über den Kopf des Kindes hinweg, denn: Manchmal scheinen Kinder müde zu sein, empfinden das selbst aber nicht so.

Wenn Sie das Müde-Protokoll immer wieder thematisieren – vor allem durch Ihr Vorbild –, werden die Kinder immer mehr Lust haben, das Protokoll auszufüllen oder Sie dabei um Hilfe zu bitten. Außerdem merken sie besser, wann sie wirklich müde sind.

Schauen Sie das Protokoll jeden Nachmittag mit den Kindern an und besprechen Sie miteinander, wann sie müde waren und was sie da gemacht haben. Eventuell ergänzen Sie gemeinsam noch etwas und machen sich nach den Gesprächen Notizen, um Wichtiges nicht zu vergessen.

Die Auswertung des Müde-Protokolls kann dazu beitragen, folgende Fragen zu beantworten:

- Wann sind Kinder müde?
- Wann erholen sie sich wie im Tagesablauf?
- Wo sind Freiräume für kindliche Entscheidungen?
- Vertreten die Kinder ihre Rechte? Wehren sie sich und protestieren, wenn sie sich hinlegen sollen oder sich zwischendurch nicht hinlegen dürfen?

Überlegen Sie am Ende der Woche, was sich verändert hat, und besprechen Sie mit den Kindern, was Sie anders machen könnten.

Methode: Über andere Menschen sprechen

Beispiele von anderen Menschen können Kinder anregen, über sich selbst und ein Thema nachzudenken. Dem dienen die folgenden Zitate. Lesen Sie sie den Kindern vor und sprechen Sie darüber, ob es ihnen ähnlich ergeht oder ganz anders. Halten Sie die Antworten der Kinder fest.

Da die Beispiele verschiedene Aussagen enthalten, werden sich die Kinder sicherlich auch unterschiedlich dazu positionieren. Lassen Sie sich auf die Zugänge der Kinder ein und versuchen Sie herauszufinden, was für die Kinder bedeutsam ist.

Isabella, zehn Jahre alt

Woran merkt man, dass man müde ist?
„Weil man keine Lust mehr auf Spielen hat. Die Füße und Gelenke werden schwerer, manchmal fallen die Augenlider runter."
Und bei anderen?
„Bei anderen kann man es nicht sehen."

Und bei Erwachsenen?
„Bei Erwachsenen erkennt man es, wenn sie gestresst sind."

Nurcan,
42 Jahre alt

Woran merkt man, dass man müde ist?
„Wenn ich müde bin, fühlt sich mein Körper schwerer an. Und meine Augenlider gehen manchmal zu, und ich muss dagegen ankämpfen. Ich kann mich nicht mehr so gut konzentrieren. Und manchmal dusele ich ein bisschen weg."
Und bei anderen?
„Manchmal sehe ich, wie anderen die Augen zufallen. Oder dass sie dem Gespräch nicht mehr folgen. Dann denke ich, sie sind müde. Manchmal sinken sie auch so in sich zusammen, schrecken dann hoch und setzen sich auf oder rücken hin und her."
Bei Kindern?
„Kinder sind manchmal gnatschig, wenn sie müde sind. Sie bekommen glasige Augen und blicken in die Weite. Sie wollen öfter auf den Arm genommen werden oder ihre Schnuller haben."

Konstantin,
acht Jahre alt

Woran merkst du, dass du müde bist?
„Dass ich erschöpft bin. Dass ich immer gähne."
Wie merkst du es bei anderen?
„Bei meinem Freund merke ich das, wenn die Augen fast zu sind."
Und bei Erwachsenen?
„Kann ich es nicht erkennen."

Tassilo,
fünf Jahre alt

„Ich schlafe nie hier in der Kita! Nur zu Hause schlafe ich."

Lena, fünf Jahre alt

Werdet ihr jeden Tag gefragt, ob ihr schlafen wollt?
„Wir können uns entscheiden. Wir können einfach in den Wachraum gehen. Oder wir gehen hier rauf und schlafen.
Im Wachraum kann man spielen. Da darf man nicht laut sein. Wir dürfen dann nur mit den kleinen Bausteinen spielen, nicht mit den großen. Die sind zu laut.“

Lovis, vier Jahre alt

Manchmal hört ihr eine CD. Wenn die zu Ende ist...?
„Dann schlafen wir. Oder wir gehen runter.
Ich hab schon mal ein bisschen geruht, und dann wollte ich wieder runtergehen. Das darf man.“

Kinder, vier – fünf Jahre alt

Wie war es denn früher, als ihr noch nicht entscheiden konntet?
„Da mussten wir alle schlafen.“
Wie war das?
„Nicht cool!“
„Jetzt ist besonders cool, dass wir nicht mehr schlafen müssen.“

Sie können diese Beispiele ergänzen. Stellen Sie die Fragen Kindern und Erwachsenen unterschiedlichen Alters.

Methode: Wie schlafen Menschen anderswo?

Schlafgewohnheiten sind auf der ganzen Welt und in den Familien unterschiedlich.

Folgende Aussagen könnten Kinder, Eltern und Sie zum Nachdenken und zum Austausch anregen. Lesen Sie die Aussagen vor und überlegen Sie, was bei Ihnen anders ist.

Andrew erzählt von Neuseeland:

„Bei uns gibt es viele unterschiedliche Ansichten zu Schlafenszeiten für Kinder und viele verschiedene Rituale. Manche Eltern bleiben bei den Kindern, bis sie eingeschlafen sind, um sie zu umsorgen. Andere gehen aus dem Raum, auch wenn die Kinder sich dann in den Schlaf weinen. Manche Eltern geben ihren Kindern zum Einschlafen einen Schnuller, andere sind strikt dagegen.

Manche Eltern wollen, dass ihre Kinder abends müde sind, und sind deshalb dagegen, dass sie tagsüber schlafen, egal, wie müde sie sind. Andere wollen, dass ihre Kinder schlafen, egal, wie wach sie sind. Wie sie es auch machen – mir scheint, es geht oft um die Bedürfnisse der Erwachsenen. Aber diese Bedürfnisse sind nicht einheitlich, und deshalb sind es die Umgangsweisen damit auch nicht.

Die meisten Kinder schlafen in den Kitas. Aber nicht alle Kinder sind den ganzen Tag in der Kita, denn es gibt bei uns verschiedene Einrichtungsarten. Sind sie den ganzen Tag da, dann gibt es einen Raum zum Schlafen. Oder ein Raum wird mit Matratzen und Betten in einen Schlafraum verwandelt. Eine oder zwei Pädagog*innen sind verantwortlich für das Hinlegen.

Es gibt Regelungen und Kriterien, die Kitas erfüllen müssen, wenn sie Schlafen in der Kita anbieten. Bis die Kinder zirka vier bis fünf Jahre alt sind, schlafen sie in der Kita. Je älter sie sind, desto weniger schlafen sie."

Auszug aus dem Regelwerk[2]: „Es gibt Platz zum Schlafen oder Ausruhen für Kinder ab zwei Jahren oder älter für eine ausreichende Zeit am Tag. Wenn der Platz zum Schlafen oder Ausruhen Teil der Spiel-Räume ist, gibt es alternative Spiel-Räume für die Kinder, die nicht schlafen oder ausruhen."

Jenni erzählt von Argentinien:

„Argentinien ist sehr groß und vielfältig. Es ist schwer zu sagen, was typische Praktiken sind. Insgesamt würde ich sagen: Erwachsene gehen nicht vor Mitternacht schlafen, denn: Die Hauptsendezeit im Fernsehen ist zum Beispiel um 23 Uhr abends. Kinder haben unterschiedliche Schlafenszeiten, ungefähr zwischen 21 und 23 Uhr. Jugendliche bleiben viel länger auf.

---

[2] Ministry of Education 2018, S. 17

Einschlafrituale bei jüngeren Kindern sind: ein Buch vorlesen oder ein Lied singen.

Kinder schlafen nur in der Krippe – ungefähr 45 Minuten –, bis sie drei Jahre alt sind. Im Kindergarten schlafen sie generell nicht, weil der Kindergarten nur drei Stunden am Tag geöffnet ist."

Selma erzählt von Deutschland und der Türkei:

„In meinem Erfahrungsumfeld ist das sehr unterschiedlich. Es gibt Kinder, auch Kita-Kinder, die um 22 Uhr ins Bett gehen, weil sie tagsüber mehr schlafen. Ich kenne aber auch Kinder, die abends sehr müde sind und schon um 18 Uhr ins Bett gehen, selbst mit zehn Jahren, und dann bis 7 Uhr morgens durchschlafen. Das ist ganz unterschiedlich.

Ich finde es wichtig, dass man die Schlafenszeit nach den Bedürfnissen der Kinder ausrichtet. Sonst ist es eine Quälerei für alle Beteiligten. Wenn das Kind nicht um 19 oder 20 Uhr müde ist, die Eltern das aber fordern, weil sie mehr Zeit für sich haben wollen, quält sich das Kind im Bett zwei Stunden lang, kann nicht einschlafen, und das ist für alle unangenehm. Es hilft, wenn man bestimmte Rituale zum Einschlafen hat. In meiner Familie gibt es das Ritual, dass ich oder mein Mann uns zum Kind legen, ein Buch vorlesen oder eine Geschichte erzählen. Dann wird gekuschelt, bis das Kind einschläft.

Ich weiß, dass es in der Kita Schlafenszeiten für jüngere Kinder gibt. In vielen Kitas, die ich kenne, werden die Eltern gefragt, ob sie einverstanden sind, dass ihre Kinder in der Kita Mittagsschlaf machen. Meistens vertritt man in den Kitas die Bedürfnisse der Kinder.

Wollen Eltern nicht, dass ihre Kinder schlafen, damit sie abends früher ins Bett gehen, sprechen die Erzieher*innen mit den Eltern, wenn sie sehen, dass die Kinder schlafen wollen. Der Kita-Alltag ist ja anstrengend für die Kinder. Deshalb brauchen sie den Rückzug und die Ruhe. Es gibt aber auch Kitas, die das Schlafen erzwingen, obwohl Kinder nicht müde sind.

In der Türkei ist der Kindergarten nicht so weit verbreitet, je nach Region. In Großstädten gibt es zwar Kitas, aber die meisten Eltern geben ihre Kinder zu einer Tagesmutter oder zu Verwandten und ab fünf Jahren in die Vorschule. Da wird nicht geschlafen.

Abends länger aufzubleiben, das ist vor allem im Sommer in den dreimonatigen Ferien die Regel. Weil es so heiß ist, verschieben sich die Aktivitäten in den Abend.

Man verbringt dann Zeit mit der Familie. Deshalb können junge Kinder im Sommer bis Mitternacht aufbleiben und morgens länger schlafen. Das ist schön für sie, weil sie die ganze Familie um sich haben. Besucht die Familie andere Leute und ihr Kind wird dort müde, dann wird ein Bett zurechtgemacht oder eine Kuschelecke, und da schläft das Kind dann. Wichtig ist, dass die Erwachsenen die Zeichen der Müdigkeit erkennen und Hilfe zum Einschlafen anbieten."

Martha erzählt von Tschechien:

„In Tschechien müssen Kinder bis zu sechs Jahren in der Kita schlafen. Es muss Ruhe sein. Als ich klein war, mussten wir richtig schlafen. Jetzt müssen die Kinder das nicht, aber sie sollen die Ruhezeit einhalten. Das bedeutet, dass sie liegen. Für die großen Kinder gibt es Matratzen, auf denen sie eine halbe Stunde ausruhen.

Bei uns zu Hause haben wir ein Ritual zum Einschlafen: Ich komme zum Bett meines Kindes, setze mich hin, und wir beten. Dann singen wir, und dann schlafen wir. Wichtig finde ich in diesen Momenten des Einschlafens auch die Nähe, Umarmungen zum Beispiel und Kuscheln.

Wenn meine Mutter meinem Kind Märchen erzählt, und ich höre das, dann erinnere ich mich an meine Kindheit. Ihre Stimme erzeugt das Gefühl von Nähe. Das kann keine andere Stimme."

Leo erzählt von Frankreich:

„In Frankreich beginnt die Schule ab drei Jahren. Da haben wir kleine Spiele gemacht, und nach dem Mittagessen haben wir dann in einem Extraraum geschlafen. Es gab kleine Matratzen, und wir sollten unsere Decken und Kissen mitnehmen. Man konnte Mittagsschlaf machen, aber die Kleinen mussten. Sie haben eine Stunde oder zwei Stunden geschlafen. Ab vier oder fünf Jahren musste man nicht mehr, sondern konnte im Klassenraum weiterarbeiten.

Es war gemütlich im Schlafraum. Die großen Kinder haben uns immer Puppengeschichten mit Marionetten erzählt, damit wir einschlafen können. Ich habe das auch mal für die Kleinen gemacht, als ich größer war. Erwachsene waren nicht dabei. Wir haben einfach allein da geschlafen. Soweit ich mich erinnere, gab es keine Kinder, die geweint haben."

Methode: Buchgespräche

In Kinderbüchern wird das Thema „Schlafen“ leider selten aus Kindersicht behandelt. Und wenn, dann geht es um den Nachtschlaf, mit dem Sie sich in Ihrem Veränderungsprozess nicht befassen.

Nutzen Sie die folgenden Buchempfehlungen, um über Schlafen und Ausruhen generell zu sprechen oder um die Situation in den Büchern mit Ihrer Schlafsituation in der Kita zu vergleichen.

Krippe

Helen Oxenbury:
Say Goodnight.
Simon&Schuster childrens' publishing division, New York 1999

Tomoko Ohmura:
Schlaf recht schön.
Moritz Verlag, Frankfurt am Main 2019

Susanne Göhlich:
Bettzeit ist's.
Moritz Verlag, Frankfurt am Main 2018

Katie Daynes/Marta Álvarez Miguéns:
Warum muss ich schlafen?
Usborne Verlag, London 2019

Kita

Mercer Mayer:
Da liegt ein Krokodil unter meinem Bett.
Carl-Auer-Verlag, Heidelberg 2015

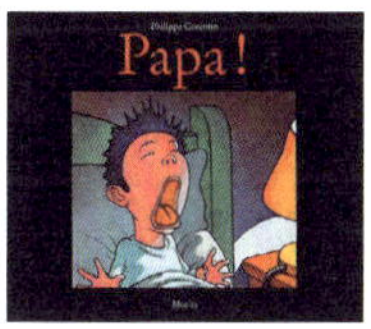

Philippe Corentin:
Papa!
Moritz Verlag, Frankfurt am Main 2011

Katharina Grossmann-Hensel:
Warum Erwachsene nachts so lange aufbleiben müssen.
G & G Verlag, Wien 2012

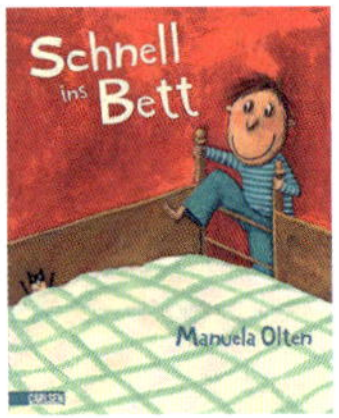

Manuela Olten:
Schnell ins Bett.
Carlsen Verlag, Hamburg 2008

Komako Sakai:
Hannas Nacht.
Moritz Verlag, Frankfurt am Main 2018

Martin Waddell:
Kannst du nicht schlafen, kleiner Bär?
JUMBO, Hamburg 2015

James Mollison:
Where Children Sleep. (Englisch)
Dans ma chambre. (Französisch)
Chris Boot Ltd., London 2010/2016

Falls Sie weitere Büchertipps haben – wir freuen uns, wenn Sie uns darüber informieren.

Methode: Wie Tiere schlafen

Forscher der Universität Zürich beobachteten 253 Tiere während ihrer Erholungsphasen[3]. Nach der Analyse von 29.000 Ruhepositionen stellten sie fest: Es hängt von Größe, Ernährung und Gefahrenlage ab, wie eine Spezies schläft. Kleine Nager legen sich hin, große Fluchttiere bleiben lieber stehen. Manche Wiederkäuer ruhen auf dem Bauch. Manche legen sich entspannt auf den Rücken.

Besprechen Sie mit den Kindern die verschiedenen Schlafgewohnheiten und fragen Sie, ob die Kinder sich auch vorstellen könnten, so zu schlafen.

Nutzen Sie dazu auch die Fotos von schlafenden Tieren in diesem Buch (Seite 90ff.) als Gesprächsanregung.

Im Stehen schlafen Pferde, Zebras oder Giraffen, denn sie kommen nur schwer aus dem Liegen auf die Beine. Aus Sicherheitsgründen bleiben sie stehen. So können sie schneller fliehen, wenn Fressfeinde nahen.

Auf dem Bauch schlafen Wiederkäuer, weil die Schwerkraft dafür sorgt, dass die noch einmal zu kauenden Futteranteile im Magen sortiert werden.

In Bewegung, also schwimmend, schlafen viele Hai-Arten, damit sauerstoffhaltiges Wasser im Schlaf durch ihre Kiemen fließen kann. Blieben sie bewegungslos, würden sie auf den Meeresgrund sinken, da sie keine Schwimmblase besitzen.

Elefanten sind keine Wiederkäuer, bevorzugen die Seitenlage und verteilen ihre Nickerchen über den Tag. Ältere Tiere können nur mühsam aufstehen. Daher lehnen sie sich lieber an einen Hügel oder Baum.

---

[3] https://www.zeit.de/2019/22/tierschlaf-ruhephasen-tiere-lage-dauer

In einer Hülle, nämlich in ihrem Schleimkokon, schlafen Papageifische. Einige Arten scheiden solche Hüllen aus, um die Nacht ungestört von blutsaugenden Meeresasseln verbringen zu können. Die Vertikale ist die typische Schlafhaltung der Rothaarigen Wespenbiene. Sie beißt sich mit ihren Mandibeln, den Mundwerkzeugen, im Holz oder an einem Grashalm fest und lässt sich hängen.

Weil Pandas viel Bambus fressen und überflüssige Bewegungen vermeiden, schlafen sie gern an Ort und Stelle ein – auf einem Baum. Manchmal suchen sie auch Höhlen auf.

In der Schwebe schlafen viele Meeressäuger, denn sie bleiben mit einer Hirnhälfte wach. Pottwale vertrauen auf eine Art Atemwecker, der sie rechtzeitig erinnert, zum Luftholen aufzutauchen.

Aneinander kuscheln sich Paviane. Sie legen oder setzen sich zum Schlafen – bis zu zwölf Stunden pro Nacht – dicht aneinander, mitunter sogar übereinander. Sehr beliebt ist bei den Primaten auch die Löffelstellung.

Im Flug schläft die Küstenseeschwalbe. Als Zugvogel beherrscht sie den Sekundenschlaf, macht ein Nickerchen im Gleiten oder dämmert vor sich hin, während die wache Hirnhälfte den Flug koordiniert.

Methode: Schlaf-Wissen – eine Mindmap

Mit dieser Methode, die die Bildungsforscherin Lilian Katz[4] entwickelte, können Sie erkunden, was die Kinder bereits über Schlafen, Ruhen und Entspannen wissen und welche eigenen Theorien sie darüber haben.

Die Kinder einer Gruppe sammeln ihr Wissen und ihre Ideen zu dem Thema in einer Mindmap, kommen miteinander ins Gespräch, ergänzen etwas oder fragen nach.

---

[4] Katz/Chard 2000

So entsteht eine Sammlung von emotionalem, sozialem und Sach-Wissen. Vielleicht tauchen dabei auch Fragen auf, die die Kinder in ihrer Auseinandersetzung mit dem Thema noch beantworten möchten. Das können Sie in der Erkundungsphase nutzen.

Malen Sie einen Kreis in die Mitte eines großen Flipchart- oder DIN A2-Blatts und schreiben Sie die Wörter Schlafen, Ausruhen und Entspannen in diesen Kreis. Fragen Sie die Kinder:

- Warum schlafen Menschen eigentlich? Wann schlafen sie? Wie schlafen sie und wo schlafen sie?

- Wie kannst du eigentlich gut schlafen? Wie kannst du gut einschlafen? Wie kannst du gut aufwachen?

- Was nervt dich beim Einschlafen? Was stört dich beim Schlafen? Was stört dich beim Aufwachen?

Von dem Kreis führen Linien zu den Aussagen oder Ideen der Kinder, die Sie im Gesprächsverlauf notieren. Dicke Linien zeigen auf Themenfelder, zum Beispiel: Wo schlafen, ruhen oder entspannen wir? Dünne Linien, die auf Detailaussagen verweisen, zweigen davon ab. Malen Sie passende Symbole dazu, so dass die Kinder sich leichter orientieren können, und fassen Sie die Inhalte längerer Sätze zusammen, damit der Überblick erhalten bleibt.

Kommentieren Sie bitte nicht, was die Kinder sagen, auch wenn Sie Aussagen irritierend finden, denn: Es geht darum, die Ideen und das Wissen der Kinder sichtbar zu machen, die sich im Lauf ihrer Auseinandersetzung mit dem Thema verändern und erweitern.

Ein Beispiel für eine Mindmap finden Sie auf der folgenden Seite.

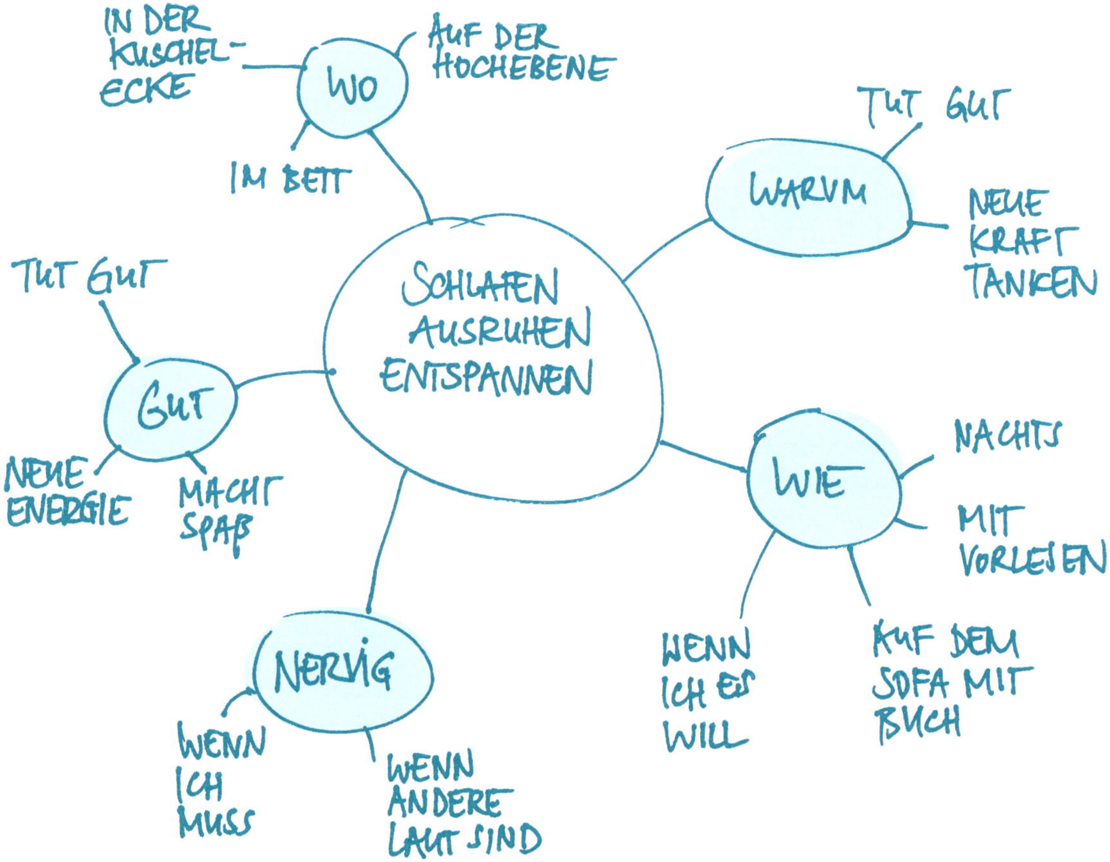
SCHLAFEN
AUSRUHEN
ENTSPANNEN
WO
IN DER KUSCHEL-ECKE
AUF DER HOCHEBENE
IM BETT
WARUM
TUT GUT
NEUE KRAFT TANKEN
GUT
TUT GUT
NEUE ENERGIE
MACHT SPAß
WIE
NACHTS
MIT VORLESEN
WENN ICH ES WILL
AUF DEM SOFA MIT BUCH
NERVIG
WENN ICH MUSS
WENN ANDERE LAUT SIND

DIE SICHT DER ELTERN

Eltern haben bestimmte Wünsche zum Schlafen, Entspannen und Ruhen ihrer Kinder. Familien haben verschiedene Gewohnheiten. Um zu verstehen, wie die Schlafsituation in der Kita auf die Kinder wirkt und was sie brauchen, ist es notwendig, die Sicht der Eltern zu kennen. Dazu reicht es nicht aus, ein Mal danach zu fragen. Sorgen Sie dafür, dass ein ausführlicher Austausch möglich ist, vielleicht an einem Elternabend. Ziel ist es, herauszufinden, welche Gewohnheiten in den Familien gepflegt werden, was ihnen in Bezug auf Schlafen, Entspannen und Ruhen wichtig ist. Am besten planen Sie in dieser Phase der Erkundung von vornherein etwas mehr Zeit für die Gespräche mit Eltern oder Familienangehörigen ein. Beziehen Sie dabei auch die Kinder ein.

Methode: Den Prozess erläutern

Um die Eltern von Anfang an einzubeziehen, informieren Sie sie darüber, dass Sie eine Veränderung der Schlafsituation anstreben und deshalb herausfinden wollen, was gutes Schlafen, Entspannen und Ruhen ausmacht – für Kinder und Eltern. Weil Sie auf die Erfahrungen und Beobachtungen der Eltern nicht verzichten wollen, werden Sie das Thema in den nächsten Wochen immer mal wieder ansprechen, denn es könnte sein, dass die Kinder sich ungewöhnlich verhalten. Bitten Sie die Eltern, Ihnen dies mitzuteilen.

In einem kurzen Anschreiben können Sie die Eltern über das Vorhaben informieren und sie darauf vorbereiten, dass Sie das Gespräch mit ihnen suchen werden.

Methode: Ein Elternabend zum Thema

Viele Eltern haben genaue Vorstellungen, wie ihre Kinder schlafen, entspannen oder ruhen sollen, weil ihr Familienalltag dadurch beeinflusst wird. Traditionen, kulturelle Eigenheiten oder Erfordernisse der Umgebung spielen ebenfalls eine Rolle, wenn Eltern den Schlaf ihrer Kinder beurteilen. Ermöglichen Sie den Eltern, sich solche Vorstellungen und damit verbundene Bedürfnisse bewusst zu machen. Dass ihre Kinder unter Umständen andere Bedürfnisse haben, kann thematisiert werden. Vielleicht stellt sich heraus, dass beide Bedürfnisse sich vereinbaren lassen. Außerdem erfahren Sie, wie die Eltern über Schlafen, Entspannen und Ruhen denken und was ihnen dabei wichtig ist.

Laden Sie die Eltern ein, freuen Sie sich auf einen interessanten Austausch und erklären Sie, dass Sie keine fertige Lösung präsentieren werden, sondern herausfinden wollen, wie die Familien mit dem Thema „Schlafen, Entspannen, Ruhen" umgehen und was ihnen dabei wichtig ist. Sorgen Sie für eine angenehme Umgebung mit gemütlichen Sitzgelegenheiten, Tee oder Kaffee und etwas zum Knabbern.

So könnte der Ablaufplan aussehen:

Begrüßung 5 Minuten	Steigen Sie mit einer kurzen Erläuterung Ihres Ziels für den Abend ein.	
Einstieg 15–20 Minuten	Bitten Sie alle Anwesenden um Antworten auf die Frage: Wo und wie schlafen oder ruhen Sie besonders gern?	Sind bis zu 15 Personen da, können alle sich dazu äußern. Ist der Kreis größer, können Murmelgruppen sich austauschen. Fragen Sie die Murmelgruppen nach zirka 10 Minuten: „Welche Gemeinsamkeiten gibt es bei Ihnen?"
Austausch in Arbeitsgruppen 30–40 Minuten	Bitten Sie die Eltern, sich in Arbeitsgruppen (vier bis sechs Personen) aufzuteilen und folgende Fragen zu beantworten: Was ist Ihnen wichtig beim Schlaf Ihrer Kinder? In welchen Situationen schlafen die Kinder gut? Wie ruhen sich Ihre Kinder am Tag aus? Was sind Herausforderungen beim Schlafen/Ausruhen der Kinder für Sie?	Bitten Sie die Eltern, die Ergebnisse des Austauschs auf Karten in verschiedenen Farben festzuhalten. Eventuell können Teammitglieder sich den Arbeitsgruppen zugesellen und die Aussagen der Eltern notieren, um sie später auf einem Plakat einzutragen, auf dem die Fragen stehen.

Ergebnisse vorstellen 20–30 Minuten	Danach berichten die Eltern allen Anwesenden über die Ergebnisse in den jeweiligen Arbeitsgruppen, die Sie auf einem Plakat notieren, das später ausgehängt werden kann.	
Perspektivwechsel 15 Minuten	Bitten Sie die Eltern, sich in die Perspektive ihrer Kinder zu versetzen und laut in den Raum zu rufen, was die Kinder über Schlafen und Ausruhen sagen würden: • in der Kita, • zu Hause.	Notieren Sie alle Aussagen der Eltern – auch die über die Kindermeinungen – auf Flipchart-Blättern. Regen Sie die Eltern an, „als Kinder" zu sprechen: Ich finde… Ich mag…
Ideales Ruhen in der Kita 20 Minuten in Arbeitsgruppen 15 Minuten Vorstellung der Ergebnisse	Bitten Sie die Eltern, sich wieder in Arbeitsgruppen zu teilen und zu überlegen: Wie sollten die Kinder idealerweise in der Kita schlafen/ausruhen? Die Ergebnisse werden nicht diskutiert. Erklären Sie den Eltern, dass zu diesem Zeitpunkt lediglich Ideen gesammelt werden.	Bereiten Sie Flipchart-Blätter vor, auf denen die Frage bereits steht. Bitten Sie die Eltern, ihre Ideen darauf zu notieren. Um die Visionen der Eltern nicht zu begrenzen und nicht in Diskussionen einbezogen zu werden, ziehen Sie sich in dieser Zeit zurück.
Der Ausklang	Danken Sie den Eltern für ihre Mitarbeit. Erläutern Sie, wie Sie mit den Ergebnissen aus dem Elternabend vorgehen und wie Sie mit den Kindern weiterarbeiten werden. In einer Abschlussrunde können alle Beteiligten in einem Satz sagen: „Ich nehme heute mit, dass…"	

Überlegen Sie für sich und im Interesse der Eltern, mit denen Sie arbeiten, welche der Impulsfragen in den Ablaufplan passen. Wandeln Sie Fragen ab, wenn nötig.

Reicht die Zeit nicht, lassen Sie die „Ideales Ruhen in der Kita“-Frage weg. Beschränken Sie sich auf die Fragen zur Situation und zum Erleben der Eltern und Kinder, denn: An dieser Stelle Ihres Veränderungsprozesses wollen Sie nur erkunden, wie die Situationen in den Familien sind.

Methode: Schlafen zu Hause

Wenn Sie mit den Kindern über deren Ausruh-, Schlaf- und Entspannungs-Gewohnheiten sprechen, könnten Bilder anregend wirken. Vielleicht bringen die Kinder Fotos von den Orten mit, an denen sie oder ihre Familienmitglieder sich zu Hause ausruhen. Dies erleichtert den Austausch darüber, was beim Schlafen wichtig ist.

Bitten Sie die Eltern, ihre Kinder dabei zu unterstützen. Dürfen die Kinder selbst fotografieren, wird sichtbar, was ihnen wichtig ist. Selbstverständlich respektieren Sie, dass manche Eltern ihre Betten nicht fotografieren lassen wollen.

Die Fotos können Sie an Ihre Dokumentationswand hängen, ohne den Herkunftsort zu benennen. Sie können die Fotos auch laminieren, um sie den Kindern als Bildkarten zur Verfügung zu stellen. Sprechen Sie mit den Kindern über die Bilder und fragen Sie, warum die Kinder diese Bilder gerade so und nicht anders gemacht haben.

Schauen Sie sich die Fotos im Team oder auch mit den Eltern an: Was wollten die Kinder auf diesen Fotos zeigen? Welche Orte haben sie fotografiert? Wo fühlen sich die Kinder beim Ausruhen, Schlafen und Entspannen wohl?

Methode: Schlafgeschichten

In vielen Familien gibt es Geschichten zum Thema. Bitten Sie die Eltern oder andere Familienangehörige, Ihnen solche Geschichten zu erzählen oder sie aufzuschreiben. Die Geschichten zeigen Ihnen, wie in den Familien über Schlafen, Entspannen oder Ruhen gesprochen wird und was ihnen dabei wichtig ist. Außerdem können die Geschichten Gespräche mit den Kindern anregen.

Wenn Sie gern mit digitalen Medien arbeiten, dann filmen Sie – natürlich nach vorheriger Genehmigung – die Erzählenden oder benutzen ein Aufnahmegerät, um die Geschichten später vorspielen und mit den Kindern darüber sprechen zu können.

Methode: **Interviews**

Erarbeiten und sammeln Sie mit den Kindern Fragen, die sie ihren Eltern oder Großeltern stellen könnten. Weil die Kinder solche Fragen selbst schon beantwortet haben, wird ihnen das sicherlich nicht schwer fallen. Schreiben Sie diese Fragen auf.

Die Kinder erzählen am nächsten Tag von den Antworten. Notieren Sie in Stichworten, was gesagt wurde.

Methode: **Beobachtungen zu Hause**

Bitten Sie die Eltern, ihre Kinder zu Hause zu beobachten und zu notieren, wann sie müde zu sein scheinen oder schlafen, denn: Wenn Sie die Schlafsituation in der Kita verändern, kann es sein, dass die Kinder ihre Ruhebedürfnisse auch zu Hause anders zeigen. Vielleicht haben Eltern sogar Lust, das Müde-Protokoll zu Hause zu führen?

Wenn Eltern Ihnen von Schwierigkeiten mit dem Schlafen oder Ruhen berichten, stecken wahrscheinlich Bedürfnisse der Kinder – oder der Eltern – dahinter. Hören Sie aufmerksam zu und notieren Sie eine Zusammenfassung, um den Bericht später im Team analysieren zu können.

DIE SICHT DES TEAMS

Bevor Veränderungen eingeführt werden, sollten Sie sich Gedanken über Ihre eigenen Erfahrungen und Ansichten zum Schlafen, Ausruhen und Entspannen machen. Als Sie mit den Kindern und Eltern darüber sprachen, war dies bereits der Fall. Halten Sie noch einmal inne und sortieren Sie im Team, was für Sie und Ihre Kolleg*innen im persönlichen Erleben und Empfinden bedeutsam ist. Welche Erfahrungen hatten Sie als Kind mit dem Schlafen? Was sind heute Ihre Schlaf- und Ruhe-Bedürfnisse?

Methode: Kindheitserfahrungen und die Gegenwart

Unsere Erfahrungen prägen unser pädagogisches Handeln. Kommen wir unseren Beweggründen auf die Spur, können wir unser Handeln leichter ändern.

Versuchen Sie, sich erst mal jeder für sich zu erinnern: Wie habe ich das Schlafen, Ausruhen und Entspannen als Kind erlebt? Welche Gefühle und Situationen fallen mir dazu ein? Was haben die Erwachsenen in den Situationen getan? Notieren Sie Ihre Gedanken. Vielleicht malen Sie sogar ein Bild dazu.

Danach geht es um die Gegenwart. Fragen Sie sich: Wie erlebe ich Schlafen, Ausruhen und Entspannen im Moment? Welche Gefühle und Situationen fallen mir dazu ein? Was tun andere Menschen in solchen Situationen? Auch dazu halten Sie Ihre Gedanken fest.

Später tauschen Sie sich mit den Kolleg*innen in Zweiergruppen darüber aus. Verweisen Sie darauf, dass Sie einander nur das erzählen, was Sie erzählen möchten, und sichern Sie einander zu, dass nichts weitergegeben wird. Versuchen Sie, in den Zweiergruppen herauszufinden, ob und wie die Erfahrungen und Einstellungen, von denen eben die Rede war, Ihre pädagogische Arbeit beeinflussen.

Im Team besprechen Sie danach nur, welche Erkenntnisse Sie gewonnen haben und welche Schlussfolgerungen Sie deshalb für Ihre Arbeit ziehen wollen.

Methode: Wie agieren wir, wenn...?

Wie haben Sie gehandelt, bevor Sie mit den Kindern Ruhe- und Schlafsituationen verändert haben?

Bitten Sie die Teammitglieder, sich daran zu erinnern, wie sie sich in Einschlaf-Situationen verhalten, um die Kinder zur Ruhe zu bringen. Vergegenwärtigen Sie sich eine Situation, die noch nicht lange zurückliegt, und halten Sie – jedes Teammitglied für sich – Schritt für Schritt fest: Was war passiert? Was tat ich? Wie reagierten die Kinder darauf? Wie mögen sich die Kinder dabei gefühlt haben? Wie fühlte ich mich?

Bei den Antworten lassen Sie es bewenden.

Ist der Veränderungsprozesses abgeschlossen, können Sie die Arbeit an diesen Fragen noch einmal Revue passieren lassen. Besprechen Sie im Team – eventuell zuerst in kleinen Gruppen von drei bis vier Personen: Wie geht es Ihnen, wenn Sie lesen, was damals geschah? Gibt es etwas, das Sie nicht loslassen können? Was wollen Sie unbedingt beibehalten? Warum?

Notizen sind nicht erforderlich. Wahrscheinlich belegen die Aussagen, dass Sie und Ihre Kolleg*innen die Widerstandsphase[5] noch nicht überwunden haben, sondern Raum brauchen, um Bedenken oder Unsicherheiten zu äußern. Je kritischer Sie im Team auf Ihr vergangenes Handeln schauen, desto eher können Sie sich für neue Wege in Sachen Schlaf, Entspannung und Ruhe öffnen.

---

[5] Vgl. Seite 12 ff.

FACHWISSEN

Die neurowissenschaftliche Forschung besagt: Menschen müssen schlafen. Im Schlaf verarbeiten sie Informationen, Synapsen im Gehirn bilden oder verstärken sich, der Körper kann entspannen, die Aufmerksamkeit verlagert sich von außen nach innen. Dieser Prozess dient der menschlichen Entwicklung und im späteren Alter der Erhaltung der Lebenskräfte, erklärt der Wissenschaftsjournalist Peter Spork[6].

Forschung und Wissenschaft sind sich einig, dass die Dauer des Schlafs, die Schlafphasen und die Zeitpunkte des Schlafens genetisch bedingt und individuell unterschiedlich sind. So brauchen manche Menschen viel Schlaf, manche wenig. Manche schlafen spät ein und ruhen lange, manche schlafen früh ein und wachen früh auf. Diese Prädispositionen hat jeder Mensch, unabhängig davon, welche Gewohnheiten das soziale Umfeld an ihn heranträgt. So erklären sich auch die langen Phasen des Nicht-Einschlafens bei manchen Kindern, wenn sie zu Zeiten ins Bett gebracht werden, in denen sie nicht müde sind.

Im Laufe des Älterwerdens nimmt die Dauer des benötigten Schlafes ab. Schon mit drei Jahren schlafen, statistisch gesehen, nur noch 50 Prozent der Kinder am Tag, wenn sie das dürfen oder müssen.

Kinder, die wenig Schlaf benötigen, brauchen eine ausgeglichene Balance von Anspannung und Entspannung, damit die notwendigen Verarbeitungsprozesse im Körper und im Gehirn vollzogen werden können. Forschungsergebnisse verweisen jedoch darauf, dass das Fehlen von Schlaf – unserem veränderten Lebenswandel geschuldet – die Lebensbedingungen verschlechtert und zu Krankheiten führen kann. Studien belegen, dass zum Beispiel das Risiko von Adipositas und Diabetes mellitus Typ 2 zunimmt, wenn Grundschulkinder weniger schlafen.[7] Solche alarmierenden Informationen führen mitunter dazu, dass Erwachsene Kinder dazu bringen wollen, mehr zu schlafen. In manchen Einrichtungen begründet man damit, dass Kinder schlafen müssen, obwohl sie es nicht wollen, und verkennt, wie Zwang sich auswirkt: Kinder, die nicht selbst entscheiden können, ob sie schlafen, verlieren den Bezug zu ihren eigenen Bedürfnissen.

---

[6] Spork 2008

[7] Arbeitsgruppe Pädiatrie der Deutschen Gesellschaft für Schlafforschung und Schlafmedizin; Kramer 2015

Sie lernen, dass sie ihre Wünsche und ihre eigenen Rhythmen übergehen müssen, weil mächtige Menschen, nämlich die Erwachsenen, das verlangen.

Forschung und Fachliteratur mit Bezug auf die Gestaltung von Schlaf- oder Ruhesettings in Kitas gibt es nichtsdestotrotz kaum. Kramer[8] führt aus, dass Normen und Werte in Bezug auf Schlafen stark von (familien-)kulturellen Bewertungen und Erfahrungen geprägt sind. So passe sich die Schlafgewohnheit im Rahmen der nordeuropäischen Kultur an die Ziele Autonomie, Selbstständigkeit und Selbstverwirklichung an – weshalb Kinder früh allein in einem Bett oder Zimmer schlafen, die Nähe von Bezugspersonen früh reduziert wird und andere Objekte wie Schnuller oder Flasche zur Unterstützung genutzt werden.

In „Siesta-Kulturen" hingegen, die auf Verbundenheit ausgelegt seien, gleicht sich der Schlafrhythmus der Kinder stärker an den der anderen Familienmitglieder an. Die Kinder kommen spät zur Ruhe und schlafen selbstverständlich auch am Tag – oft alle Familienmitglieder in einem Raum oder gegebenenfalls in einem Bett.[9]

Auch beim Thema „Schlafen, Ruhen, Entspannen" geht es um Partizipation und Teilhabe, deren Grundlage die Erklärung der Menschenrechte und die UN-Kinderrechtskonvention bilden. Kinder und Jugendliche sollen „in allen für sie relevanten Lebensbereichen die Erfahrung machen können, dass sie ihre Fragestellungen, Probleme und Interessen in angemessener und wirksamer Form artikulieren und in Entscheidungen einbringen können. Das schließt die genuin politische Partizipation im Sinne einer Beteiligung an Willensbildungsprozessen ebenso ein wie die Beteiligung an Entscheidungen in den lebensweltlichen Erfahrungszusammenhängen"[10]. Diese politische Forderung nach größtmöglichem Respekt vor dem kindlichen Willen fußt auf dem Ziel und Grundwert, alle Menschen als aktive Bürger*innen anzuerkennen, die aus ihrem individuellen Bewusstsein heraus einen Betrag für die Gesellschaft leisten können und wollen.

---

[8] Kramer 2018
[9] Vgl auch Borke/Keller 2014
[10] Scherr/Sachs 2015, S. 6

Dies untermauert die Kindheitsforschung insbesondere in den letzten zwei Jahrzehnten[11] und belegt: Kinder als Akteure ihres Handelns zeigen schon in frühem Alter, wie sie ihr Leben und ihre Interaktionen aktiv gestalten.

Je größer ihre Spielräume dabei sind, desto leichter fällt ihnen das.

Aus der Medizin stammt die Theorie der Salutogenese, die crklärt, welche Faktoren dazu beitragen, dass Menschen gesund bleiben. Der israelisch-amerikanische Soziologe Aaron Antonovsky, als „Vater der Salutogenese" bekannt, führte den Begriff „Kohärenzsinn" ein, der die Fähigkeiten eines Menschen beschreibt, die ihm gebotenen Ressourcen zu nutzen, um sich gesund zu erhalten.[12] Auf Kinder und unser Thema bezogen, heißt das: Werden ihre individuellen Bedürfnisse berücksichtigt, werden sie aktiv an Entscheidungen beteiligt, fördert das die Entwicklung ihres Kohärenzgefühls. Zwang und Training dienen dem nicht, sondern immer nur Wahrnehmung, Reflexion und das Schaffen eines geeigneten Rahmens, so dass die Kinder zunehmend selbst einschätzen können, was ihnen gut tut und wann sie Anspannung oder Entspannung brauchen. Sie sind sogar imstande, abzuwägen, ob soziale Ansprüche gegebenenfalls wichtiger sind.[13]

---

[11] Nenntwig-Gesemann u. a. 2017, Pannier/Karwinkel 2018, Höhme-Serke/Priebe/Wenzel 2013
[12] Bengel u. a. 2001
[13] Senatsverwaltung für Bildung, Jugend und Familie, Berlin 2019

NACH DER ERKUNDUNGSPHASE: ERGEBNISSE SICHERN

Immer wieder hatten Sie im Lauf der Erkundungsphase Notizen gemacht und die Ergebnisse dokumentiert. Wie können Sie sichern, was Sie erarbeitet hatten?

Methode: Teamgespräch

Nehmen Sie sich alle zwei Wochen in der Teamsitzung Zeit, um die Ergebnisse aus der Erkundungsphase zu sichten und darüber zu sprechen.

Leitfragen könnten sein:

- Welche Erkenntnisse können wir aus den Ergebnissen ziehen?
- Wie geht es uns mit den Aussagen und Einschätzungen der Kinder, Eltern und Kolleg*innen?
- Wo gibt es Unterschiede?
- Wo sind Gemeinsamkeiten sichtbar?

Im Laufe der Erkundungsphase zeigte sich zunehmend deutlicher, was für die Kinder und Erwachsenen in Ihrer Kita funktionieren könnte. Nun können Sie die Ziele, die Sie mit der Veränderung der Schlaf-, Entspannungs- und Ruhesituationen erreichen möchten, genauer bestimmen.

2

ZIELE BESTIMMEN

ZIELE BESTIMMEN

Die Erkundungsphase liegt hinter Ihnen, und die Erkenntnisse eröffnen neue Wege. Manche Teammitglieder eilen mit ihren Ideen schon voraus, andere hängen noch am Gewohnten. Das ist normal.

Der Punkt, auf den Sie bei der Auseinandersetzung um die Ziele stets verweisen müssen, sind die Äußerungen der Kinder in Sachen Schlafen, Ruhen und Entspannen, die in der vorangegangenen Phase gesammelt wurden. Sie sollten den gemeinsamen Nenner bilden.

Vergegenwärtigen Sie sich nach der Erkundung schriftlich, was Sie verändern möchten, und formulieren Sie das als Ziel. Dieses Ziel führt Sie in Ihrem Veränderungsprozess weiter. Es schafft ein positives Bild, an dem Sie und das Team, die Kinder und Eltern sich orientieren können.

Beziehen Sie sich bei Ihren Überlegungen noch einmal auf das Ziel, das Sie sich am Anfang des Prozesses stellten.[14] Ist es noch stimmig? Oder wollen Sie inzwischen etwas anderes erreichen, weil die Erkundung neue Erkenntnisse brachte?

Nicht zum ersten Mal formulieren Sie Ziele für Ihre pädagogische Arbeit. Bisher hatten Sie Ideen, die Ihnen und dem Team realistisch erschienen, schnell in pädagogisches Handeln umgesetzt. Dabei merkten Sie vielleicht, dass das Handeln nicht immer genau dem entsprach, was Sie eigentlich erreichen wollten. Wie lässt sich das verhindern?

Methode: Einen Leitgedanken formulieren

Suchen Sie im Team nach einem Titel oder Leitgedanken, der die Vision für die Veränderung in knappe Worte fasst, zu Ihren Erkenntnissen aus der Erkundung und zu den Botschaften der Kinder passt.

Vielleicht hatte ein Kind etwas gesagt, das wie ein Schlüssel oder Kernsatz wirkte. So ein Satz könnte eine Art Überschrift sein, die Ihre Vision zum Thema „Schlafen,

---

[14] Vgl. Seite 17 ff.

Ruhen und Entspannen“ auf den Punkt bringt, zum Beispiel: „Ich bin müde, wenn ich müde bin.“ Oder: „Im Kindergarten will ich gar nicht schlafen.“ Als Ideen für die Umgestaltung des Ruheraums in eine Entspannungsoase gesammelt wurden, freute sich jemand: „Wir bauen eine Traumlandschaft!“ All das kann dazu dienen, ein Ziel zu bestimmen – und zwar auf der Grundlage Ihrer Erkundungen.

Sammeln Sie Ideen und verteilen Sie danach Punkte, um herauszufinden, welcher Titel-Slogan am besten ankommt. Fragen Sie auch die Kinder, wie sie diesen Ziel-Slogan finden. Vielleicht kommen die Kinder auf ganz andere und originellere Ideen. Greifen Sie die Vorschläge auf und sprechen Sie im Team darüber.

RICHTUNGSZIELE ENTWERFEN

In vielen Bildungsplänen der Bundesländer werden Kompetenzen beschrieben, die Kinder im Laufe ihrer Kita-Zeit erwerben sollen. Sie bieten eine Orientierung beim Ausdifferenzieren der Handlungsschritte in Sachen „Schlafen, Ruhen und Entspannen“.

Die Erkenntnisse aus der Erkundungsphase und Ihr Leitziel lassen darauf schließen, welche Kompetenzen die Kinder erlangen oder vertiefen können, wenn sie sich mit dem Thema auseinandersetzen. Diese Kompetenzen beschreiben keine nachprüfbaren Fertigkeiten von Kindern, sondern dienen der Entwicklung von Persönlichkeitsmerkmalen. Dafür können Sie und Ihr Team zwar gute Bedingungen schaffen, aber steuern können Sie solche Entwicklungsprozesse nicht.

Folgende Kompetenzen spielen beim Thema „Schlafen, Ruhen und Entspannen“ eine Rolle:

- **Ich-Kompetenz,**
- **soziale Kompetenz,**
- **Sachkompetenz,**
- **lernmethodische Kompetenz.**

Im Folgenden werden Kompetenzziele kurz beschrieben. Wählen Sie die aus, die zu Ihrem Vorhaben passen, und ergänzen Sie diejenigen, die für Ihren Prozess und Ihr Leitziel fehlen.

Ich-Kompetenz

Wir Pädagog*innen...

- „ermuntern die Mädchen und Jungen, sich ihrer Gefühle, Bedürfnisse, Interessen und Ansprüche [...] bewusst zu werden und sie angemessen auszudrücken [...];
- motivieren sie, ihren Körper zu achten, zu pflegen und gesund zu erhalten, Freude an Bewegung und sportlichen Tätigkeiten zu entwickeln“[15];

... ermöglichen...

- „Autonomieerleben;
- Selbstwirksamkeit und Kompetenzerleben, Eigenverantwortung für Gesundheit und Wohlbefinden;
- (den Erwerb der) Fähigkeit zur Regulation von Anstrengung und Entspannung, Stressbewältigung,
- Körperbewusstsein“[16];
- „ein Gespür dafür (zu) entwickeln, was Körper und Geist gut tut und der Gesundheit förderlich ist;
- eigene körperliche, geistige und soziale Bedürfnisse, Interessen und Gefühle wahr(zu)nehmen und zum Ausdruck (zu) bringen“[17];
- „Möglichkeiten kennen(zu)lernen, sich mit anderen über eigene körperliche, geistige und soziale Bedürfnisse, Interessen und Gefühle zu verständigen und sich abzugrenzen“[18].

---

[15] Berliner Bildungsprogramm, S. 27
[16] Hessischer Bildungs- und Erziehungsplan, S. 41f.
[17] Berliner Bildungsprogramm, S. 74
[18] Berliner Bildungsprogramm, S. 78

Soziale Kompetenz

Wir Pädagog*innen...

- „regen die Mädchen und Jungen an, Erwartungen, Bedürfnisse und Gefühle anderer wahrzunehmen, sich in die Perspektive des anderen zu versetzen, achtungsvoll miteinander umzugehen und die Individualität der anderen zu respektieren;
- lassen sie erleben, dass sie durch gemeinsames Tun etwas bewirken können;
- unterstützen sie, Regeln des Zusammenlebens zu vereinbaren“[19];

... ermöglichen...

- „Empathie, Kommunikationsfähigkeit, Kooperations- und Teamfähigkeit, Konfliktmanagement, Verantwortung für das eigene Handeln, Zuhören und Aushandeln“[20];
- „eigene Ideen und Wünsche in den Kita-Alltag ein(zu)bringen und (zu) kooperieren;
- Rücksicht auf andere Kinder (zu) nehmen“[21].

---

[19] Berliner Bildungsprogramm, S. 27f.
[20] Hessischer Bildungs- und Erziehungsplan, S. 42f.
[21] Berliner Bildungsprogramm, S. 78

Sachkompetenz

Wir Pädagog*innen...

- unterstützen „die Einsichten der Kinder über ihren eigenen Körper sowie über gesundheitsförderndes Verhalten;
- regen sie an, soziale, geschlechtsbezogene, ethnisch-kulturelle und individuelle Gemeinsamkeiten sowie Unterschiede im Leben von Menschen wahrzunehmen und Regeln demokratischen Zusammenlebens zu erkennen“[22];
- zeigen den Kindern „Strategien und Techniken für Ruhe und Entspannung“[23].

Lernmethodische Kompetenz

Wir Pädagog*innen...

- „geben Kindern Zeit und Raum für das Experimentieren, für das Suchen, Ausprobieren und Übertragen von Lösungswegen;
- lassen sie erleben, wie man im Austausch unterschiedlicher Erkenntnisse und Meinungen zu neuen Lösungen kommen kann und dass es oftmals nicht nur eine Antwort oder Erklärung gibt“[24].

---

[22] Berliner Bildungsprogramm, S. 28
[23] Berliner Bildungsprogramm, S. 82
[24] Berliner Bildungsprogramm, S. 28

Methode: Kompetenzen als Richtungsziele

Bezogen auf das Leitziel, bestimmen Sie nun Kompetenzziele für die Kinder, die Ihnen als Richtungsweiser für Ihre Aktivitäten und Ihr Vorgehen dienen. Sie können dies im ganzen Team tun oder sich in vier Kleingruppen teilen, die jeweils an einem Kompetenzbereich arbeiten.

An den Zielen, die wir vorschlagen, können Sie sich orientieren. Lesen Sie auch nach, was im Bildungsplan Ihres Bundeslandes dazu steht. Danach schreiben Sie alle Kompetenzen auf, die die Kinder im Prozess vertiefen oder erwerben können. Dabei kommt es nicht auf die exakte Zuordnung zu einem Kompetenzbereich oder auf die perfekte Formulierung an. Vielmehr vergegenwärtigen Sie sich, worauf Ihr Team sein pädagogisches Handeln ausrichtet und was das für die Kinder bedeutet.

In der gleichen Weise erarbeiten Sie Ziele für die Arbeit mit den Eltern. Welche Kompetenzen sollen sie in Bezug auf das Leitziel vertiefen oder entwickeln?

Zum Beispiel:

- Die Eltern vertrauen dem Körpergefühl ihrer Kinder.
- Sie haben Geduld, wenn sich das Schlafverhalten der Kinder ändert.
- Sie beteiligen sich an den Veränderungen in der Kita.

Ihre eigenen Kompetenzerweiterungen nehmen Sie ebenfalls in den Blick. Was möchten Sie im Veränderungsprozess und auf dem Weg zum Leitziel lernen?

Zum Beispiel:

- Ich nehme mich stärker zurück und halte mich raus, wenn Kinder müde zu sein scheinen, aber nicht schlafen wollen.
- Ich regele Pausenzeiten ohne Mittagsschlafphase.
- Ich arbeite im Team an der Veränderung mit.

Hängen Sie die Listen mit den Zielen im Team-Raum aus, damit sie im weiteren Prozessverlauf präsent bleiben.

Methode: Veränderungen reflektieren

Nehmen Sie sich Zeit, um im Team Revue passieren zu lassen, was Sie in der Erkundungsphase bereits bewältigt haben und was die einzelnen Aspekte der Kompetenzentwicklung fördern könnte.

In vielen Gesprächen hatten die Kinder sich zum Thema „Schlafen, Ruhen, Entspannen" geäußert. Vielleicht haben Sie gemeinsam sogar schon Räume verändert, weil es sich gerade ergab.

Prüfen Sie nun, ob Ihre Aktivitäten und Veränderungen zu dem Leitziel passen, das Sie formuliert hatten. Fördern Sie die Entwicklung der Kompetenzen? Kommen Sie dem Leitziel und den Kompetenzzielen näher? Falls nicht, gestehen Sie sich das ehrlich ein und überlegen Sie, woran es liegen könnte. Wenn Sie die Veränderungen zu den einzelnen Kompetenzen notieren, merken Sie, woran Sie weiterarbeiten sollten.

Methode: Ideen-Vorrat

Alle Ideen, die Ihnen und dem Team in dieser Phase einfallen, sollten Sie notieren und sammeln. Wenn es ums Handeln geht, könnten sie als Planungsgrundlage dienen.

3

HANDELN

HANDELN

Das Handeln in diesem Veränderungsprozess ergibt sich aus dem Leitziel und den Kompetenzzielen, die Sie formuliert haben: Was können Sie tun und in Ihrem Kita-Alltag verändern, damit die Kinder diese Kompetenzen vertiefen oder entwickeln können?

Besprechen Sie das im Team und mit den Kindern. Versuchen Sie, miteinander Ideen zu entwickeln, probieren Sie aus, was vorgeschlagen wurde, bis Sie gefunden haben, was zu Ihrer Einrichtung – also den Kindern, den Eltern und dem Team – passt. Dokumentieren Sie Ihre Schritte wie in der Erkundungsphase, denn das kann zur Kommunikation und zu neuen Ideen anregen.

Nachdem Sie erkundet hatten, was die Kinder zu „Schlafen, Ruhen und Entspannen" sagten und sich wünschten, sind die Mädchen und Jungen sicherlich gespannt, was nun passiert. Also planen Sie die Veränderungen gemeinsam mit den Kindern.

Entspricht Ihr Leitziel der Ziel-Variante A – die Kinder entscheiden komplett frei selbst, orientiert an den individuellen Schlafbedürfnissen[25] –, werden Sie mit ihnen immer wieder ausprobieren und beobachten, was sich bewährt oder nicht, bevor Sie Räume, Zeiten und individuelle Zugänge ändern.

Wenn Ihr Leitziel eher der Ziel-Variante B entspricht – drei Gruppen, zu denen sich die Kinder zuordnen –, ist eine Ausprobierphase nötig, in der Sie und die Kinder beobachten und besprechen, was für wen passend ist.

Die Methoden, die wir Ihnen dazu vorschlagen, eignen sich für beide Ziel-Varianten, denn sie können die Auseinandersetzung mit den eigenen Bedürfnissen anregen und erweitern.

RÄUME VERÄNDERN

Wenn nicht mehr alle Kinder schlafen, hat das Auswirkungen auf die Raumgestaltung. Orte werden gebraucht, an denen Rückzug und ungestörter Schlaf möglich sind, in

[25] Siehe Seite 17

der gleichen Zeit aber auch Wachsein und Spielen. Wie Sie das in Ihrer Einrichtung verwirklichen können, hängt natürlich von Ihren Räumen ab: Welche Räume haben Sie zur Verfügung? Sind es kleine Räume oder große? Wie sind die Räume geschnitten? Welche Veränderungen sind in den Räumen möglich? Arbeiten Sie offen oder in Gruppen? Lassen Sie sich von der Literatur zur Raumgestaltung inspirieren.

Folgende Bücher empfehlen wir:

Christel van Dieken/Julian, van Dieken:
Einblicke in Kitas.
Schöne Räume für 0- bis 3-Jährige.
Cornelsen, Berlin 2013

Angelika von der Beek:
Bildungsräume für Kinder von Drei bis Sechs.
verlag das netz, Weimar/Berlin 2014

Mit Blick auf die beiden Varianten, die wir auf der Seite 17 als Leitziele vorschlugen, ergeben sich aus unserer Sicht folgende Notwendigkeiten:

Sie brauchen einen ruhigen Schlafraum für die Kinder, die wirklich schlafen wollen. Wenn Sie in einer größeren Einrichtung arbeiten, können Sie diesen Raum vielleicht mit anderen Gruppen gemeinsam nutzen, denn wahrscheinlich muss nicht jede Gruppe einen Schlafraum haben. Im Krippenbereich muss es so einen Raum geben, weil die meisten Krippenkinder noch schlafen. Natürlich sollten Schlafräume dort liegen, wo keine turbulenten Aktivitäten stattfinden, wo also nicht gebaut, geturnt oder gegessen wird.

Der Schlafraum sollte gemütlich eingerichtet sein, zum Beispiel abgedunkelt mit unterschiedlichen Lichtquellen, vielleicht mit Fotos der Familien der Kinder.

Stellen Sie den Kinder verschiedene Möglichkeiten zum Schlafen zur Verfügung: Matratzen, Körbchen oder Zelte. Die Kinder können dann leicht selbst entscheiden, wo und wie sie schlafen möchten. Stellt sich heraus, dass viele Kinder die Körbchen bevorzugen, dann schaffen Sie mehrere Körbe an.

Gitterbetten hingegen verhindern, dass sich die Kinder frei bewegen können. Deshalb sortieren Sie diese Betten aus. Oder Sie funktionieren sie um, indem Sie sie auf die Seite legen und eine Matratze auf dem unteren Gitter platzieren. So entsteht eine kleine Höhle, die die Kinder zum Schlafen oder Spielen nutzen können.[26]

In Gruppen- oder Funktionsräumen brauchen die Kinder einen Bereich, in den sie sich zurückziehen können, wenn sie nicht schlafen wollen. Dieser Bereich sollte den ganzen Tag über zur Verfügung stehen, damit die Kinder wirklich jederzeit ihren Ruhe-Bedürfnissen nachgehen können. Es kann eine Art Zelt oder eine Hochebene sein, mit Kissen und Decken ausgestattet. Will sich niemand ausruhen, kann dieser Ort zum Spielen dienen.

Am besten ist natürlich ein kleiner Nebenraum mit gedämpftem Licht und in zurückhaltenden Farben, der eine entspannte Atmosphäre ausstrahlt.

Falls es in Ihrer Kita nicht möglich ist, dass Kinder ruhen, während andere Kinder spielen, können Sie das mit ihnen thematisieren und überlegen, wie sie aufeinander Rücksicht nehmen könnten. Vielleicht, indem die Kinder sich eine Zeitlang leise beschäftigen oder Ihnen zuhören, wenn Sie vorlesen.

Möglicherweise kam in der Erkundungsphase heraus, dass manche Kinder gern mitten im Geschehen ruhen oder schlafen möchten. Dazu eignet sich eine „Trauminsel" – ein Zelt oder eine Sofa-Ecke. Dort können Kinder es sich gemütlich machen, wenn sie leichten Zugang zu Kissen und Decken haben, die in einer Truhe oder Kiste verstaut sind.

Was auch immer Sie tun – gelungen ist Ihre veränderte Raumgestaltung, wenn sich jedes Kind mit seinen Schlaf- und Ruhebedürfnissen in Ihrer Kita wiederfindet.

---

[26] Idee: Gerlinde Lill

Methode: Mit den Kindern planen und auswerten

In der Erkundungsphase hatten Sie mit den Kindern Theorien und Erkenntnisse über Schlafen, Ruhen und Entspannen gesammelt, hatten verschiedene Bedürfnisse und Möglichkeiten, sie zu befriedigen, kennen gelernt. Dabei wurde den Kindern bewusster, was für sie wichtig ist, was ihnen gut tut. Schauen Sie sich die Ergebnisse noch einmal gemeinsam an und erzählen Sie den Kindern, was Sie in den Gesprächen mit Eltern und in der Fachliteratur herausgefunden haben. Fragen Sie die Kinder, wie Räume aussehen könnten, in denen sie ihre Bedürfnisse verwirklichen können.

Was die Kinder äußern, notieren Sie unter der Überschrift „Wie sollten wir unsere Räume verändern, damit wir darin besser ausruhen oder schlafen können“? Danach zeichnen Sie die Räume auf ein Plakat und markieren alles, was darin nicht beweglich ist. Für alles andere fertigen Sie mit den Kindern kleine, farbige Karten an, die sie auf dem Raumplan hin und her schieben können. Danach gehen Sie mit den Kindern durch die Räume und prüfen, ob es auch wirklich für alles Karten gibt, was wichtig ist. Ist das der Fall, können die Kinder mit Hilfe der Karten verschiedene Veränderungs-Varianten ausprobieren. Lassen Sie sich von den Ideen der Kinder mitreißen, unterbrechen Sie ihre Konstruktionsprozesse nicht und halten Sie sich mit eigenen Vorschlägen zurück.

Methode: Veränderungen ausprobieren

Wenn Sie mit den Kindern durch die Räume gehen und gemeinsam überlegen, was anders sein müsste, können Sie leichte Möbel direkt verschieben und Decken, Matten oder Kissen versuchsweise platzieren. Welche Materialien könnten die Kinder noch gebrauchen? Was muss wirklich umgeräumt werden? Notieren Sie die Äußerungen der Kinder und werten Sie gemeinsam aus, was gut funktioniert und was nicht.

Bleiben Sie dabei möglichst flexibel und sorgen Sie dafür, dass vorgeschlagene Raum- und Materialkonstellationen tatsächlich ausprobiert werden können. Diese Versuche dokumentieren Sie und werten sie mit den Kindern aus, bevor Entscheidungen fallen: „Das überschlafen wir lieber noch mal…“

Methode: Pyjamatag

Sind die Räume umgestaltet, dann können Sie mit den Kindern – wenn sie dazu Lust haben – einen Pyjamatag feiern. Ziel ist, alle Ausruh- und Schlafecken in der Kita auszuprobieren und nichts anderes zu machen.

Planen Sie den Tag mit den Kindern. Dabei merken Sie, ob die Kinder genauso begeistert von der Idee sind wie Sie. Der Rahmen: Einen ganzen Tag lang in der Kita alle üblichen Aktivitäten auszusetzen und möglichst viele Ausruh- und Entspannungsphasen einzulegen.

Überlegen Sie mit den Kindern, was alle dazu anziehen könnten, was es zu essen geben könnte und welche Aktivitäten statt der üblichen stattfinden sollen.

Zum Beispiel: Alle – auch die Pädagog*innen und die Leitung – tragen Schlafanzüge. Es gibt Würstchen im Schlafrock, Bücher über das Schlafen werden vorgelesen, eine Kissenschlacht findet statt, Räume werden verdunkelt, Schattenspiele werden aufgeführt, Geschichten-Erzähl-Kreise versammeln sich. Der Wettbewerb, welches Kind wie lange ruhig liegen und so tun kann, als schliefe es, wird ausgetragen. Ein Film über Bewegungen im Schlaf könnte gedreht werden. Kinder und Erwachsene könnten mit Puppen Schlafen spielen und sie ins Bett bringen. Für Figuren und Tiere in der Kita könnten Betten oder andere Schlafstätten gebaut oder gebastelt werden. Und dann werden alle hingelegt...

INTERAKTIONEN MIT DEN KINDERN

Spätestens jetzt entscheiden die Kinder, ob sie in der Kita schlafen wollen. Sie waren an der Erkundung beteiligt, wurden sich ihrer Bedürfnisse bewusster und können nun besser bestimmen, was sie tatsächlich brauchen. Dennoch müssen Sie den Kindern immer wieder Möglichkeiten einräumen, Entscheidungen wirklich nach ihren Bedürfnissen treffen zu können. Dazu können Sie Fragen und Methoden nutzen, die wir für die Erkundungsphase vorschlugen.[27]

Halten Sie sich mit Ihren Einschätzungen über die Müdigkeit der Kinder bitte zurück. Lassen Sie den Kindern Zeit, sich auszuprobieren, auch wenn sie mal „übers Ziel hinausschießen". Das gehört dazu, wenn man nach dem eigenen Maß sucht.

Bleiben Sie im Gespräch mit den Kindern und bieten Sie immer wieder attraktive Ruhe- und Entspannungsaktivitäten an, zum Beispiel indem Sie einzelnen Kindern anbieten, sich mit Ihnen zu einer Ausruhstunde zurückzuziehen. Kuscheln Sie sich gemütlich hin, lesen etwas vor oder sprechen Sie in Ruhe miteinander. Vielleicht bieten Sie den Kindern, die möchten, eine Fantasiereise in einem gemütlichen und ruhigen Raum an. Oder Sie gestalten einen Raum oder Raumbereich mit vielen Kissen, schummrigem Licht und leiser Musik. Alle, die möchten, kuscheln sich hier zusammen.

Methode: Tägliche Reflexion

Besprechen Sie mit den Kindern, wie der Tag für sie war. Dadurch wird die Veränderung der Ruhesituation für die Kinder zu einem bewussten Prozess, und sie können leichter einschätzen, welche Bedürfnisse sie eigentlich haben.

Vielleicht eignet sich ein Nachmittagskreis, um gemeinsam zu überlegen, wie die Entspannungsphasen und Ruhezeiten wirkten. Eventuell kann das Müde-Protokoll noch einmal geführt und ausgewertet werden.

Entsteht der Eindruck, dass die Kinder sehr sprunghaft mit ihren neuen Möglichkeiten umgehen, können Sie im Nachmittagskreis fragen, wer eine Zeitlang ein Modell ausprobieren möchte, um deutlicher zu spüren, was gut tut. Bedenken Sie, dass manche

[27] Siehe Seite 19 ff.

Kinder sich leichter in Einzelgesprächen äußern. Im Team sorgen Sie dafür, dass das möglich ist, und machen sich Notizen zu jedem Kind.

Methode: Ich und die anderen

Wie viel Nähe mögen Kinder beim Ausruhen? Wollen sie ihre Freund*innen um sich haben? Brauchen sie die Nähe der Pädagog*in? Soll es eine bestimmte Pädagog*in sein? Oder wollen sie lieber allein schlafen?

Erinnern Sie sich an Beispiele, die schon bei der Erkundung mit den Kindern zur Sprache kamen, und bitten Sie die Kinder, sich dazu mit ihren Bedürfnissen in Beziehung zu setzen. Das sollte kein verbaler Akt bleiben, sondern ausprobiert werden.

Methode: Entspannungsphasen

Im Kita-Alltag ist es nicht leicht, wirklich allein zu entscheiden, wann man müde ist, und entsprechend zu handeln, obwohl andere Kinder wach sind.

Wenn Sie verschiedene Ruhe- und Entspannungs-Angebote machen, helfen Sie den Kindern, sich ihre Ruhe-Zeit zu nehmen. Dies muss keine feste Zeit sein, sondern kann im Laufe des Tages geschehen, nämlich dann, wenn Sie den Eindruck haben, dass Kinder müde sind. Zum Beispiel können Sie mit den Kindern Fantasiereisen[28] unternehmen, Geschichten erzählen oder vorlesen und Hörspiele hören. Empfehlenswert sind auch entspannende Yoga-Übungen, mit denen sich vielleicht eine Kollegin auskennt.

Sind solche Entspannungsphasen im Kitaleben üblich, können sich die Kinder ihre Ruhezeiten selbstständig nehmen.

[28] Anregungen finden Sie unter: https://www.entspannung-plus.de/

Methode: Schlaf beobachten – Träume sammeln

Nach Entspannungsphasen können Sie die Kinder, die geruht haben, fragen: „Habt ihr etwas geträumt? Wollt ihr das erzählen? Wie habt ihr euch beim Schlafen oder Ruhen gefühlt?“

Überlegen Sie mit den Kindern, wie es sich anfühlt, wenn man einschläft oder aufwacht. Was passiert eigentlich, wenn man schläft? Dadurch werden den Kindern diese Aspekte des Ruhens bewusster. Und Sie betreiben „nebenbei“ Sprachförderung.

Methode: Schlaf- und Entspannungsforschung

Bereits in der Erkundungsphase hatten Sie sich mit wissenschaftlichen Erkenntnissen zu Schlafen, Entspannen und Ruhen beschäftigt. Kinder interessieren sich auch dafür, was im Körper passiert, wenn sie schlafen oder ruhen, haben ihre eigenen Theorien und möchten sicherlich erfahren, was Sie denken.

Wenn Sie darüber sprechen, können Sie Ihr Wissen an die Kinder weitergeben. Sie können darüber hinaus mit den Kindern überlegen, wie sie herausfinden könnten, was beim Schlafen passiert. Nehmen Sie die Ideen der Kinder auf und entwickeln Sie gemeinsam Versuchsreihen, um das herauszufinden. Außerdem können Sie Expert*innen für Schlafen, Ausruhen und Entspannen ansprechen, zum Beispiel einen Kinderarzt oder eine Fachfrau für Entspannungstechniken wie Yoga, autogenes Training oder Meditation, die Ihnen und den Kindern erläutern, warum Schlafen, Ausruhen und Entspannen wichtig für den Körper und seine Gesundheit sind.

IM TEAM: STRUKTUREN VERÄNDERN

Im Rahmen der Erkundung und der Zielentwicklung haben Sie sich umfassend damit befasst, dass Kinder selbst entscheiden können, ob und wann sie schlafen. Dabei haben Sie Ihre fachliche Position entwickelt und gestärkt. Bestimmt sind Sie sich nun sicher, auf dem richtigen Weg zu sein. Dennoch braucht es umfassende und konkrete Absprachen zum veränderten Ablauf, zur Organisation und Planung.

Methode: Testphase

Wenn Sie sich für ein Leitziel entschieden haben, dann gestehen Sie sich und den Kindern eine Testphase von zirka zwei Wochen zu. Gestalten Sie die Räume und Abläufe um und probieren Sie aus, ob es funktioniert. Dazu sollten alle im Team täglich kurz notieren, was gut gelaufen ist und was noch nicht geklappt hat. Dies können Sie mit Blick auf die Kinder tun, aber in dieser Phase besonders auch mit Blick auf die Organisation und die Abläufe.

Werten Sie Ihre Notizen nach zwei Wochen im Team aus und entscheiden Sie, was Sie verändern oder festlegen wollen.

Ein Beispiel aus einer Kita

Die Kita-Leiterin erzählt: „Der Gedanke entstand im Team eigentlich schon vor zweieinhalb Jahren: Das mit dem Liegezwang entspricht nicht den Kinderrechten. Die Kinder, also der größte Teil von ihnen, fanden es sowieso nicht gut, sich hinlegen zu müssen. Aber es dauerte, bis wir das im Winter endlich angingen. Wir suchten Literatur und überlegten, wie wir die Eltern mitnehmen könnten.

Anfang Februar fragten wir die Eltern, ob sie damit einverstanden wären, dass wir 14 Tage lang ein Pilotprojekt machen. Erst mal mit den älteren Kindern, um zu gucken, ob das überhaupt machbar ist, und ob wir es personell hinbekommen, die Kinder in der Zeit zu betreuen, zu begleiten und ihnen etwas anzubieten.

Folgendes haben wir vereinbart: Der Theaterraum ist der Wachraum. Kinder, die sich nicht hinlegen wollen, können sich dort ruhig beschäftigen. Wer sich hinlegen möchte, kann im Forscherraum eine Matte ausbreiten. Die Hälfte der Kinder legte sich aus freien Stücken hin, die andere Hälfte wollte nebenan spielen. Mit diesen Kindern machten wir Gesellschaftsspiele oder bastelten – je nachdem, woran sie Interesse hatten und was gerade Thema war.

Die Eltern gaben uns immer Feedback, wie es für die Kinder am Nachmittag war. Das notierten wir. Zwischendurch führten wir in den Gruppen Schlafprotokolle: Welche Kinder schlafen tatsächlich ein? Welche Kinder möchten nicht schlafen und sind unruhig?

Das Problem war aber: Unser Haus ist hellhörig, die Böden sind nicht schallisoliert. Deshalb wurden Kinder, die unten ruhten, wach, weil oben Bewegung war. Das mussten wir ändern.

Alles Positive hatten wir notiert. Nun kamen die negative Aspekte dazu, und wir überlegten, welche Möglichkeiten wir haben. Zum Beispiel: die Wachräume nach unten zu verlegen und die Ruhekinder in die obere Etage zu nehmen. Als wir das ausprobierten, stellte sich heraus, dass es die Lösung ist."

Methode: Teamsitzung zum Tagesablauf

Zu diesem Zeitpunkt empfiehlt es sich, den veränderten Tagesablauf in einer Teamsitzung oder an einem Konzeptionstag zu besprechen und zu allen organisatorischen Knackpunkten Verabredungen zu treffen. Planen Sie erst einmal genau, welche Pädagog*in welche Zeiträume und Räume wie abdeckt. Je nach der Größe Ihres Teams müssen Sie eventuell andere Pausenregelungen verabreden.

Früher haben viele Kolleg*innen wahrscheinlich während der Schlafphase Pause machen können. Dies ist nun nicht mehr möglich, da mehr Personen nötig sind, um die wachen Kinder zu betreuen.

Überlegen Sie bei der Planung des Ablaufs, wie viele Kolleg*innen zum Beispiel im Zeitraum zwischen 11.00 und 14.30 Uhr Pause machen könnten, weil ausreichend Pädagog*innen bei den Kindern sind. Entwerfen Sie einen Plan für die Vollbesetzung, aber auch einen für den Fall, dass Sie die Betreuung mit wenigen Kolleg*innen organisieren müssen.

Eventuell ergeben sich durch die Veränderung der Schlafsituation Änderungen bei der Gestaltung des Mittagessens. Seien Sie aufmerksam dafür und probieren Sie mit dem Team verschiedene Möglichkeiten aus.

MIT ELTERN ZUSAMMENARBEITEN

Schon in der Erkundungsphase hatten Sie die Eltern eingebunden und waren im Gespräch über die Bedürfnisse und Entwicklungen ihrer Kinder. Über den Fortgang des Vorhabens informierten Sie die Eltern ebenfalls und baten sie, Feedback zu geben und ihre Ideen einzubringen.

Gerade Eltern, die skeptisch oder kritisch auf den Veränderungsprozess reagierten, ändern ihre Sicht vielleicht, wenn sie erfahren, wie ihre Kinder mit dem Schlafen und Entspannen in der Kita umgehen, seit sie gelernt haben, ihre Ruhe-Bedürfnisse besser einzuschätzen. Der Gedanke, dass nicht Erwachsene, sondern die Kinder selbst entscheiden, wann sie müde sind, ist für manche Eltern ungewohnt, und sie brauchen die Erfahrung, dass das wirklich klappt.

Methode: Das Entwicklungsgespräch

In dieser Phase des Handels bieten sich Entwicklungsgespräche mit den Eltern an. Besprechen Sie mit ihnen das Ausruhverhalten ihrer Kinder im Laufe des Veränderungsprozesses. Zuvor beobachten Sie das jeweilige Kind und vergewissern sich in den Dokumentationen der vergangenen Schritte, ob und wie das Kind mit der Veränderung der Situation umging.

Vor dem Elterngespräch befragen Sie das Kind, um seine aktuelle Sicht einzuholen und sie den Eltern mitteilen zu können. Erzählen Sie dem Kind, was Sie seinen Eltern berichten werden, so dass nichts zur Sprache kommt, von dem das Kind nicht möchte, dass die Eltern es erfahren.

Um es gut vorzubereiten, können Sie das Gespräch mit den Eltern in vier Schritte einteilen:

Schritt 1 – Erkunden

Beginnen Sie mit einer gemeinsamen Erkundung beider Lebenswelten des Kindes – das Zuhause und die Kita –, in der Sie Beobachtungen zusammentragen und Informationen teilen. Dazu dienen folgende Fragen:

- Wo und wie ruht sich das Kind aus?
- Findet es tagsüber und abends leicht in den Schlaf?
- Wann und wie entspannt sich das Kind?
- Wo sehen Sie Herausforderungen für das Kind in der neuen Situation?
- Wo sehen die Eltern Herausforderungen für sich in der veränderten Situation?

Schritt 2 — Ziele bestimmen

Überlegen Sie mit den Eltern, was das Ziel, das Sie im Team formuliert haben, für das Kind bedeutet und welche Kompetenzen das Kind vertiefen oder entwickeln könnte, um seine eigene Entscheidung kompetent treffen zu können.

Schritt 3 — Handeln

Überlegen Sie gemeinsam, wie die Eltern und Sie diese Kompetenzentwicklung fördern könnten. Was könnte das Kind gebrauchen, um kompetent zu entscheiden?
Vielleicht ist es notwendig oder gewünscht, sich öfter zu treffen, um das Kind wirkungsvoll unterstützen zu können.

Schritt 4 — Reflektieren

Fassen Sie zusammen, wie sich das Kind entwickelt hat, und beziehen Sie sich dabei auf den Anteil der Eltern und der Veränderungen in der Kita. Würdigen Sie die Mitarbeit der Eltern und entlassen Sie sie mit einem positiven Bild von ihrem Kind.

Methode: Für den Kinderwillen argumentieren

Vielleicht sind manche Eltern noch immer nicht überzeugt, dass ihre Kinder selbst entscheiden können, ob sie schlafen wollen. Begründen Sie die Position Ihres Teams noch einmal fachlich und nutzen Sie dazu auch die Informationen in diesem Buch.[29] Prüfen Sie zuvor, ob Sie unsere Argumente teilen, und ergänzen Sie zum Beispiel die folgende Argumentation:

Was wir nicht (mehr) tun:

- Kinder zum Schlafen überreden.
- Mit Kindern über das Schlafen streiten.
- Kindern vorgeben, wann sie müde sind.

Was wir tun:

- Mit Kindern über Müde-Sein und Ausruhen sprechen.
- Angenehme Orte einrichten, an denen Kinder sich ausruhen können.
- Entspannungsaktivitäten in den Kita-Alltag einbauen.
- Kindern ermöglichen, dass sie merken, wann sie Rückzug oder Ruhe brauchen.
- Dafür sorgen, dass Kinder jederzeit ruhen und sich entspannen können.

[29] Siehe Seite 19 ff. und Seite 50 ff.

Vielleicht ist es sinnvoll, diese Informationen allen Eltern zugänglich zu machen.

Dafür eignen sich:

- ein Infobrief: Stellen Sie einen Aushang mit den Argumenten zusammen und kopieren Sie ihn für die Eltern. Bieten Sie an zu erklären, was Ihnen warum wichtig ist, und nehmen Sie ernst, was die Eltern dazu sagen;
- ein Elternabend: Laden Sie zu einem Informations- oder Themenabend ein. Präsentieren Sie die fachlichen Argumente und verbinden Sie sie mit Beobachtungen aus dem Kita-Alltag. Eventuell bitten Sie die Fachberatung, Sie dabei zu unterstützen;
- Hospitationen: Laden Sie die Eltern ein, Zeit in der Kita zu verbringen, um sich einen Eindruck zu verschaffen, wie Kinder und Erwachsene mit dem Thema „Schlafen, Ruhen und Entspannen" umgehen. Bitten Sie die Eltern danach um eine Rückmeldung, um sie eventuell für die Weiterentwicklung des Prozesses nutzen zu können. Vielleicht haben die Kinder Lust, ihre Eltern durch die umgestalteten Räume zu führen und ihnen zu erklären, wo und wie sie sich neuerdings ausruhen.

4

REFLEKTIEREN

REFLEKTIEREN

Im Laufe des Veränderungsprozesses hatten Sie immer wieder geprüft, was wie funktioniert und Sie einen Schritt voran bringt. Wenn Sie den Eindruck haben, dass sich die Schlaf-, Ruhe- und Entspannungssituationen in der Kita im Sinne der Kinder verändert haben, dann ist es an der Zeit, den Veränderungsprozess in Ihrer Einrichtung abzuschließen.

Methode: Mit Kindern reflektieren

Wahrscheinlich war „Schlafen, Ruhen und Entspannen" in den letzten Tagen kaum noch im Gespräch, weil das Thema ausreichend bearbeitet wurde. Bitten Sie die Kinder trotzdem, sich noch einmal dazu zu äußern. Vielleicht setzen Sie sich mit ihnen vor die Dokumentationswand, um Schritt für Schritt nachzuvollziehen, was Sie miteinander verändert hatten. Was hatte den Kindern gefallen? Und warum? Fragen Sie, ob die Kinder mit der aktuellen Ausruh-Situation zufrieden sind. Wenn ja, dann schlagen Sie vor, zum Schluss ein Ausruhfest oder eine Übernachtungsparty zu veranstalten.

Falls Kinder sich weiter für das Thema interessieren oder noch unzufrieden mit den Veränderungen sind, nehmen Sie sich in den nächsten Tagen Zeit, um diese Kinder zu begleiten und gemeinsam herauszufinden, was fehlt und welche Ideen es dazu gibt.

Methode: Mit Eltern reflektieren

Auch bei den Eltern scheint der Gesprächsbedarf gedeckt zu sein. Um herauszufinden, wie sie die Veränderungen bei ihren Kindern erlebten und einschätzen, was ihnen gefiel oder nicht, können Sie das Thema auf einem Elternabend oder mittels einer schriftlichen Abfrage ansprechen. Falls Eltern noch unzufrieden sind, vereinbaren Sie, deren Kinder noch einmal genauer in den Blick zu nehmen und Ihre Beobachtungen gemeinsam auszuwerten.

Methode: Im Team reflektieren

In einer Teamsitzung vergegenwärtigen Sie sich, was Sie mit den Kindern und Eltern getan haben, was gut gelang und was nicht. Was waren Ihre Ziele? Welche Maßnahmen trugen dazu bei, dass die Kinder Kompetenzen vertiefen oder entwickeln konnten? Vielleicht kommen Sie dabei sogar auf neue Ideen.

Fragen Sie die Teammitglieder, ob sie mit dem aktuellen Zustand zufrieden sind. Falls noch Unzufriedenheit besteht oder Fragen offen sind, wenden Sie sich den Kolleg*innen zu und gehen den Problemen geduldig auf den Grund.

Wie schlafen Menschen anderswo?

Warum schlafen Menschen eigentlich?

Wann schlafen sie?

Wie schlafen sie und wo schlafen sie?

Was stört dich beim Aufwachen?

Wie kannst du eigentlich gut schlafen?

Wie kannst du gut einschlafen?

Wann erholst du dich im Tagesablauf?

Wie kannst du gut aufwachen?

Was nervt dich beim Einschlafen?

Wie schlafen Menschen (Fliegen, Vögel, Elefanten, Mäuse...) eigentlich?

Wie lange, in welchen Positionen?

Wieso machen sie das eigentlich?

Wie ist das eigentlich bei unterschiedlichen Menschen: alten, jungen, hierzulande und anderswo?

Was stört dich beim Schlafen?

Wann bist du müde?

Was passiert im Schlaf?

Was sind Träume eigentlich?

Schlafen Pflanzen, Steine und Kuscheltiere? Warum schlafen sie?

Wer träumt was?

Warum schlafen junge Menschen (Tiere…) mehr als ältere?

Kann man sehen, ob jemand müde ist? Und woran?

Wie sehen Orte zum Schlafen oder Ausruhen aus?

Warum finden manche Leute es eigentlich so wichtig, dass Kinder schlafen?

Was mögen unterschiedliche Menschen und Tiere?

Wofür ist Schlaf da?

Welche Utensilien brauchen Menschen zum Schlafen?

Wie schlafen/ruhen/entspannen Anna und Elsa aus „Die Eiskönigin“, Superman oder Feuerwehrmann Sam?

Wie schläft man überhaupt ein?
Wie merkt man das?

Was ist eigentlich der Unterschied zwischen Schlafen und Ruhen?

Und was ist der Unterschied zwischen Ruhen und Entspannen?

Und wie wird man wieder wach?

Wo willst du auf keinen Fall schlafen?

Warum gibt es eigentlich extra Anziehsachen zum Schlafen?

Schläfst du lieber im Dunkeln oder lässt du lieber das Licht an?

Woran merkt man, dass man müde ist?

Wie ist das bei dir, deiner Familie, deinen Freund*innen?

Schläfst du lieber auf einem dicken Kissen oder auf einem dünnen?

Wie fühlt sich Müdigkeit genau an?

Wo schläfst du am liebsten?

Wann bist du besonders müde?

Was brauchst du unbedingt zum Einschlafen?

Was darf beim Einschlafen auf keinen Fall passieren?

Könntest du im Sitzen oder im Stehen einschlafen?

Schläfst du gern im Auto?

Wie fühlst du dich, wenn du gerade aufgewacht bist?

Würdest du lieber mehr schlafen?

Oder würdest du lieber weniger schlafen?

Wachst du manchmal mitten im Schaf auf?

Oder gar nicht mehr?

Kannst du dich an deine Träume erinnern?

Was nervt dich am Schlafen?

Schläfst du eigentlich gerne?

Was nervt dich am Aufwachen?

Was nervt dich am Einschlafen?

Wenn du zaubern könntest – was würdest du am Schlafen verändern?

BILDERREISEN

Was denkst du:
Wie schlafen Menschen eigentlich?
Hier und anderswo?

BOXER

BILDERREISEN

Was denkst du:
Wie schlafen Tiere?
Schlafen Pflanzen, Steine
und Kuscheltiere auch?

BILDERREISEN

Was denkst du:
Woran merkst du, dass du müde bist?
Wie fühlt sich Müdigkeit an?
Wann bist du besonders müde?

BILDERREISEN

Was denkst du:
Wie sehen Orte zum Schlafen
oder Ausruhen aus?
Wo schläfst du/schlaft ihr am liebsten?
Wo willst du auf keinen Fall schlafen?

329
330
331

RADIO FLYER

BILDERREISEN

Was denkst du:
Was brauchst du unbedingt
zum Einschlafen?
Wenn du zaubern könntest, was würdest
du am Schlafen verändern?

BILDERREISEN

Was denkst du:
Was sind Träume eigentlich?
Wer träumt was?
Kannst du dich erinnern?

MÜDE-PROTOKOLL
UND FRAGE-BILDKARTEN

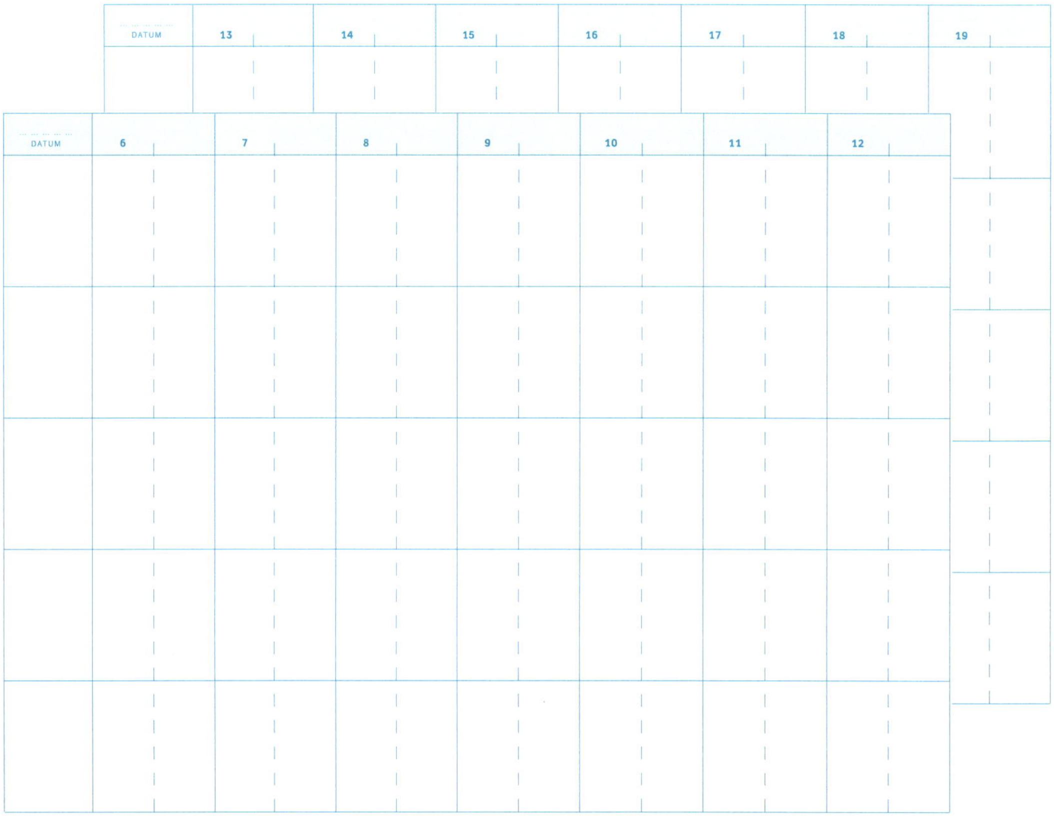

Das Müde-Protokoll (Blanko) ist als Download abrufbar unter: https://wamiki.de/4678.

Eine Auswahl der schönsten Fotos aus den Bilderreisen finden Sie gedruckt und laminiert als Frage-Bildkarten im **wamiki**-shop: www.wamiki.de/shop.

LITERATUR

KINDERBÜCHER FÜR DIE KITA

Mercer Mayer: Da liegt ein Krokodil unter meinem Bett.
Carl-Auer-Verlag, Heidelberg 2015

Philippe Corentin: Papa! Moritz Verlag, Frankfurt am Main 2011

Katharina Grossmann-Hensel: Warum Erwachsene nachts so lange aufbleiben müssen. G & G Verlag, Wien 2012

Manuela Olten: Schnell ins Bett. Carlsen Verlag, Hamburg 2008

Komako Sakai: Hannas Nacht. Moritz Verlag, Frankfurt am Main 2018

Martin Waddell: Kannst du nicht schlafen, kleiner Bär? JUMBO, Hamburg 2015

KINDERBÜCHER FÜR DIE KRIPPE

Helen Oxenbury: Say Goodnight. Simon & Schuster childrens' publishing division, New York 1999

Tomoko Ohmura: Schlaf recht schön. Moritz Verlag, Frankfurt am Main 2019

Susanne Göhlich: Bettzeit ist's. Moritz Verlag, Frankfurt am Main 2018

Katie Daynes/Marta Álvarez Miguéns: Warum muss ich schlafen?
Usborne Verlag, London 2019

FACHLITERATUR, DIE WIR EMPFEHLEN

Hebenstreit-Müller, Sabine/Hildebrandt, Frauke (Hrsg.): Mit Kindern denken. Gespräche im Kita-Alltag. Dohrmann Verlag, Berlin 2018

Höhme-Serke, Evelyne/Priebe, Michael/Wenzel, Sascha (Hrsg.): Mit Kindern Demokratie leben: Handbuch zur Projektentwicklung und Evaluation. Shaker, Aachen 2012

Höhme-Serke, Evelyne/Beyersdorff, Sabine/Behring, Ellen: Praxisbuch für die Fortbildung von Erzieherinnen und Erziehern. Shaker, Aachen 2011

Kramer, Maren: Ruhen und Schlafen in der Kita. **wamiki** 5/2018

Kramer, Maren: Ruhe- und Schlafbedürfnisse junger Kinder in der Kita. In: frühe kindheit 04-18, Verfügbar unter: https://www.nifbe.de/component/themensammlung?view=item&id=815:ruhe-und-schlafbeduerfnissen-junger-kinder-in-der-kita&catid=67 Zugriff am 9. 3. 2020

Macha, Katrin/Bielesza, Aleksandra/Friedrich, Robert: „Das macht's echt leichter!“ Den Alltag mit dem Situationsansatz gestalten. Verfügbar unter: https://www.kita-fachtexte.de/fileadmin/Redaktion/Publikationen/KiTaFT_Macha_2018_AlltagmitdemSituationsansatz.pdf Zugriff am 8. 3. 2020

FACHLITERATUR, DIE WIR VERWENDETEN

Arbeitsgruppe Pädiatrie der Deutschen Gesellschaft für Schlafforschung und Schlafmedizin: Empfehlungen zum Mittagsschlaf im Kindergarten. https://www.dgsm.de/downloads/dgsm/arbeitsgruppen/paediatrie/Mittagsschlaf%20Empfehlungspapier%20final.pdf Zugriff am 8. 3. 2020

Bengel, Jürgen/Strittmatter, Regine/Willmann, Hildegard: Was erhält den Mensch gesund? Antonovskys Modell der Salutogenese – Diskussionsstand und Stellenwert. Bundeszentrale für gesundheitliche Aufklärung, Köln 2001

Borke, Jörn/Keller, Heidi: Kultursensitive Frühpädagogik. Kohlhammer, Stuttgart 2014

Hansen, Rüdiger/Knauer, Raingard/Sturzenhecker, Benedikt: Partizipation in Kindertageseinrichtungen. So gelingt Demokratiebildung mit Kindern! verlag das netz, Weimar 2011

Hebenstreit-Müller, Sabine/Hildebrandt, Frauke (Hrsg.): Mit Kindern denken. Gespräche im Kita-Alltag. Dohrmann Verlag, Berlin 2018

Hessisches Ministerium für Soziales und Integration & Hessisches Kultusministerium : Bildung von Anfang an. Bildungs- und Erziehungsplan für Kinder von 0 bis 10 Jahren in Hessen. Verfügbar unter: www.bep.hessen.de, Zugriff 8. 3. 2020

Höhme-Serke, Evelyne/Priebe, Michael/Wenzel, Sascha (Hrsg.): Mit Kindern Demokratie leben: Handbuch zur Projektentwicklung und Evaluation. Shaker, Aachen 2012

Höhme-Serke, Evelyne/Beyersdorff, Sabine/Behring, Ellen: Praxisbuch für die Fortbildung von Erzieherinnen und Erziehern. Shaker, Aachen 2011

Katz, Lilian G./Chard, Sylvia C.: Der Projekt-Ansatz. In: Fthenakis, W. E./Textor, M. R. (Hrsg.): Pädagogische Ansätze im Kindergarten. Beltz, Weinheim 2000

Kramer, Maren: Ruhen und Schlafen in der Kita. **wamiki** 5/2018

Kramer, Maren: Ruhe- und Schlafbedürfnisse junger Kinder in der Kita. In: frühe kindheit 04-18, Verfügbar unter: https://www.nifbe.de/component/themensammlung?view=item&id=815:ruhe-und-schlafbeduerfnissen-junger-kinder-in-der-kita&catid=67 Zugriff am 9. 3. 2020

Kramer, Maren: Schlafen in der Kinderkrippe – Pädagogische Herausforderungen einer Alltagssituation. Verfügbar unter: https://www.kita-fachtexte.de/fileadmin/Redaktion/Publikationen/KiTaFT_Kramer_SchlafeninderKrippe_2015-1.pdf. Zugriff am 8. 3. 2020

Kübler-Ross, Elisabeth: Interviews mit Sterbenden. Kreuz, Stuttgart/Berlin 1972. Neuauflage: Herder, Freiburg im Breisgau 2018

Macha, Katrin/Bielesza, Aleksandra/Friedrich, Robert: „Das macht's echt leichter!“ Den Alltag mit dem Situationsansatz gestalten. Verfügbar unter: https://www.kita-fachtexte.de/fileadmin/Redaktion/Publikationen/KiTaFT_Macha_2018_AlltagmitdemSituationsansatz.pdf Zugriff am 8. 3. 2020

Ministry of Education, New Zealand: Licensing Criteria for Early Childhood Education & Care Services and Early Childhood Education. Wellington 2018

Nentwig-Gesemann, Iris/Walther, Bastian/Thedinga, Minste: Kita-Qualität aus Kindersicht. Eine Studie des DESI-Instituts im Auftrag der Deutschen Kinder- und Jugendstiftung. 2017

Pannier, Valeska/Karwinkel, Sophia (Hrsg.): Was Kinder wollen und warum wir darauf hören sollten. Argumente und Anregungen für eine kindorientierte frühe Bildung. verlag das netz, Weimar 2018

Regner, Michael/Schubert-Suffrian, Franziska: Partizipation in der Kita. Projekte und den Alltag demokratisch mit Kindern gestalten. Herder, Freiburg 2018

Scherr, Albert/Sachs, Lena: Partizipation: Beteiligung und Teilhabe von Kindern und Jugendlichen in Baden Württemberg. Herausgegeben vom Ministerium für Arbeit und Sozialordnung, Familie, Frauen und Senioren. Stuttgart 2015

Senatsverwaltung für Bildung, Jugend und Familie (Hrsg.): Die gute gesunde Kita gestalten – Referenzrahmen zur Qualitätsentwicklung im Berliner Landesprogramm für die gute gesunde Kita. Berlin 2019

Senatsverwaltung für Bildung, Jugend und Wissenschaft (Hrsg.): Berliner Bildungsprogramm für Kitas und Kindertagespflege. verlag das netz, Berlin/Weimar 2014

Spork, Peter: Das Schlafbuch. Rowohlt, Reinbek 2018

ZUM SCHLUSS

Wir hoffen, dass wir Ihnen Anregungen für die Beteiligung von Kindern bei der Gestaltung der Schlaf-, Ruhe- und Entspannungssituationen in Ihrer Kita geben konnten. Die Planungsschritte und zahlreiche Methoden können Sie auch auf andere Situationen anwenden.

Wenn Sie in Ihrem Veränderungsprozess neue Ideen entwickelt oder interessante Erfahrungen gemacht haben – wir freuen uns, von Ihnen zu hören oder zu lesen:

Telefon: +49 30 48 09 65 36,
E-Mail: info@wamiki.de,
Internet: www.wamiki.de.

DIE AUTORINNEN

Frauke Hildebrandt ist Professorin an der Fachhochschule Potsdam
im Bereich Sozial- und Bildungswissenschaften.
Kontakt: hildebrandt@fh-potsdam.de

Katrin Macha ist Direktorin im Institut für den Situationsansatz
an der Internationalen Akademie Berlin gGmbH.
Kontakt: macha@situationsansatz.de

FOTOVERZEICHNIS

Titel, S. 2: Joseyyo Estudio/photocase.de
S. 86 Stephen/unsplash,
S. 87 von links nach rechts: Jon Tyson/unsplash, Random Institut/unsplash, Robert Eklund/unsplash, Ahkka/photocase.de,
S. 88 von links nach rechts: Ali Soltani/unsplash, Annie Spratt/unsplash, Annie Spratt/unsplash,
S. 89 Doraj Mandal/unsplash,
S. 90 Andrew Seaman/unsplash ,
S. 91 von links nach rechts: Richard Tao/unsplash, Jovica Smileski/unsplash, Jonathan Fink/unsplash,
S. 92 von links nach rechts: Rain Carnation/pixabay, Maria E. Mayobre/unsplash, Christopher Jolly/unsplash, Merrit Thomas/unsplash,
S. 93 Franco Banfi,
S. 94 Ekaterina Kuznetsova/unsplash,
S. 95 von links nach rechts: Gabriel Crismariu/unsplash, Jake Hawkes/unsplash, Kinga Cichewicz/unsplash, Helena Lopes/unsplash,
S. 96 von links nach rechts: Alan Black/unsplash, Les Anderson/unsplash, Senja Kelabu/pixabay,
S. 97 Humphrey Muleba/unsplash,
S. 98 Julian van Dieken,
S. 99 von links nach rechts: Alec Favale/unsplash, Nachalle Nocom/unsplash, Blake Meyer/unsplash, Kashish Grover/unsplash,
S. 100 von links nach rechts: Adam le Sommer/unsplash, Gigin Krishnan/unsplash, Lena Grüber, Julian van Dieken,
S. 101 von oben nach unten: Annie Spratt/unsplash, Udo Lange,
S. 102 Henrik Donnestad/unsplash,
S. 103 von links nach rechts: Hermes Rivera/unsplash, Annie Spratt/unsplash, Ludovic Toinel/unsplash, Sanah Suvarna/unsplash,
S. 104 von links nach rechts: Brina Blum/unsplash, Kim Sergeev/unsplash, Minnie Zhou/unsplash, Wilsan/unsplash
S. 105 Chinphm/unsplash
S. 106 Tiko Giorgadze/ unsplash,
S. 107 von links nach rechts: Kate Indra/unsplash, Hugues de Buyer-Mimeure/unsplash, Magdalena Smolnicka/unsplash, Yucel Moran/unsplash,
S. 108 von links nach rechts: Arka Roy/unsplash, Conner Baker/unsplash, Darius Bashar/unsplash,
S. 109 Vidar Nordli Mathisen/unsplash

PÄDAGOGIEN – EINE WAMIKI-WANDERAUSSTELLUNG

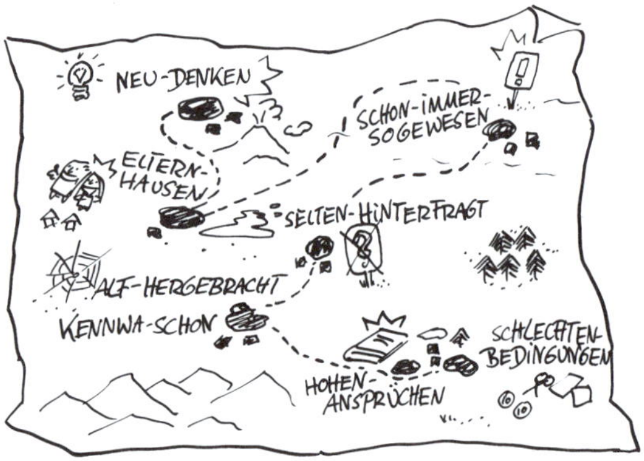

Wie kann es aussehen, das Wechselspiel von Pädagogik, Politik und Leben? **wamiki** zeigt Orte und Nicht-Orte, Räume und Reviere, und wie wir sie verändern können. Pädagogien – ein Land voll stolzer Leuchttürme und edler Halbgötter – birgt aber genauso auch tiefe Abgründe, deren Talsohle weit unter dem Meeresspiegel liegt. Von Kennwa-Schon und Selten-Hinterfragt bis nach Neu-Denken! In der interaktiven Wanderausstellung veranschaulichen sinnlich wahrnehmbare Orte – pädagogische Ideen, Konzepte, Begriffe, Praktiken sowie Methoden. Aufbereitet mit reichlich Satire und kombiniert mit Alltagsgegenständen in neuer Bedeutung. Hier kannst Du heimlich gelebte pädagogische Konzepte erforschen, die das Handeln von Erzieher*innen, Lehrer*innen, Eltern, Politik, Administration ... so nachhaltig prägen; Funde aus grauer Vorzeit, liebevoll konserviert, im Alltag entdecken; Dich an pädagogische Experimente wagen; Perspektiven wechseln, alles auf den Kopf stellen und Stolper- in Meilensteine verwandeln!

Eine Wanderausstellung für Erwachsene – ideal für die Aus- und Fortbildung, für Reflexion im Team, Kongresse und andere Events.

Die **Ausstellung Pädagogien** kannst Du in verschiedenen Größen zu Deinen Wunschthemen ausleihen und mit Workshops und Kongressen der besonderen Art kombinieren. Ausstellungsfläche: 40–200 m^2
Infos zum Besuch, Ausleihen und Mitmachen unter **wamiki.de** +49 (0)30 48 09 65 36

Funde aus grauer Vorzeit

In Schon-Immersogewesen:
Traditionspflege pur: Funde aus grauer Vorzeit: Schlafwache und Muttertagsgeschenk (2010 n. Chr.)

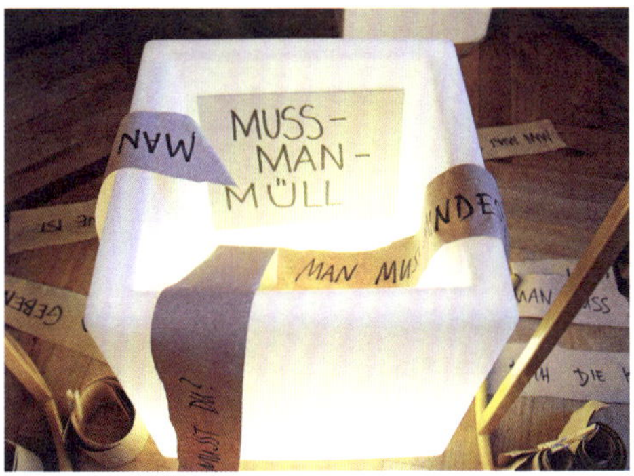

In Selten-Hinterfragt, Kennwa-Schon
Wie schaust Du auf Kinder?
Und auf Erwachsene?